LA COMTESSE

DE CHARNY

PAR

ALEXANDRE DUMAS

18

PARIS
ALEXANDRE CADOT, ÉDITEUR
37, rue Serpente

1855

LA COMTESSE DE CHARNY

Aventures du prince de Galles, *par L. Gozlan*.	5 vol.
La marquise de Belverano, *par le même*.	2 vol.
Mes Mémoires, *par Alexandre Dumas*.	22 vol.
Mystères de la Famille, *par Élie Berthet*.	3 vol.
Le Cadet de Normandie, *par le même*.	2 vol.
La Ferme de la Borderie, *par le même*.	2 vol.
La Bastide Rouge, *par le même*.	2 vol.
Fabio, *par Pierre de Lancy*.	3 vol.
Il faut que jeunesse se passe, *par A. de Lavergne*.	3 vol.
Laquelle des deux, *par Maximilien Perrin*.	2 vol.
Partie et revanche, *par le même*.	2 vol.
Le Sultan du quartier, *par le même*.	2 vol.
Aventures de Saturnin Fichet, *par Frédéric Soulié, tomes 7, 8, 9 et derniers*.	3 vol.
La Tache de sang, *par le vicomte d'Arlincourt, tomes 3, 4, 5 et derniers*.	3 vol.
La mère Bainette, *par Charles Deslys*.	6 vol.
Nelly, *par Amédée Achard*.	2 vol.
Souvenirs de 1830 à 1842, *par Alex. Dumas*.	4 vol.
Les vrais Mystères de Paris, *par Vidocq*.	7 vol.
Mémoires d'une Somnambule, *par J. Lacroix*.	5 vol.
Un mauvais Ange, *par le même*.	3 vol.
Histoire d'une grande dame, *par le même*.	2 vol.
Les Francs-Juges, *par Emmanuel Gonzalès*.	2 vol.
Les sept baisers de Buckingham, *par le même*.	2 vol.

Fontainebleau, imprimerie de E. Jacquin.

LA COMTESSE

DE CHARNY

PAR

ALEXANDRE DUMAS

18

PARIS
ALEXANDRE CADOT, ÉDITEUR
37, rue Serpente.

1855

I

Maillard.

(*Suite et fin.*)

Si l'opinion royaliste était permise à quelqu'un, c'était, certes, à ce vieillard de soixante-quinze ans, — dont les pieds étaient enracinés dans la monarchie de Louis XIV, et qui, pour bercer le sommeil du duc de Bourgogne, avait fait les deux chansons devenues populaires de : *Tout au beau milieu des Ardennes*, et *Commère il faut chauffer le lit.*

Mais c'étaient là des raisons à donner à des philosophes et non aux massacreurs de l'Abbaye.

Aussi Cazotte était-il condamné d'avance.

En apercevant le beau vieillard aux cheveux blancs, aux yeux de flamme, à la tête inspirée, Gilbert se détacha de la muraille et fit un mouvement au-devant de lui.

Maillard vit ce mouvement.

Cazotte s'avançait appuyé sur sa fille.

Mais, en entrant dans le guichet, mademoiselle Cazotte comprit qu'elle était devant ses juges.

Alors elle quitta son père, et, les mains jointes, vint prier ce tribunal de sang avec de si douces paroles, que les juges commencèrent à hésiter.

Elle comprit alors, la pauvre enfant, que, sous ces rudes enveloppes, il y avait cependant des cœurs; — seulement il fallait descendre, pour les trouver, jusque dans des abîmes.

Elle s'y jeta tête baissée, avec la compassion pour guide.

Ces hommes, qui ne savaient pas ce que c'était que des larmes, ces hommes pleurèrent.

Maillard essuya du revers de la main cet œil sec et dur, qui, depuis vingt heures avait, sans s'être baissé une seule fois, contemplé le massacre.

Il se leva, posa la main sur la tête de Cazotte.

— Qu'on l'élargisse, dit-il.

La jeune fille hésitait.

— N'ayez pas peur, dit Gilbert, votre père est sauvé, Mademoiselle.

Deux des juges se levèrent et accompagnèrent Cazotte jusque dans la rue, de peur que quelque fatale erreur rendît à la mort, la victime qu'on venait de lui enlever.

Cazotte, pour cette fois, du moins, Cazotte était sauvé.

Les heures s'écoulèrent; on continua de massacrer.

On avait apporté dans la cour des bancs pour les spectateurs. Les femmes et les enfants des meurtriers avaient droit d'assister au spectacle. D'ailleurs, acteurs de conscience, ce n'était point assez pour eux d'être payés, ils voulaient être applaudis.

Vers cinq heures du soir, on appela M. de Sombreuil.

Celui-là, c'était comme Cazotte, un royaliste bien connu, et qu'il était d'autant plus impossible de sauver, qu'on se rappelait que, gouverneur des Invalides, au 14 juillet, il avait tiré sur le peuple.

C'était un de ces souvenirs que les masses gardent au fond du cœur.

Ses fils étaient à l'étranger dans l'armée ennemie.

L'un d'eux avait si bien fait au siége de Longwy, qu'il avait été décoré par le roi de Prusse.

Il parut, lui aussi, noble, résigné, portant haut sa tête à cheveux blancs, qui retombaient en boucles jusque sur son uniforme ; — lui aussi, appuyé sur sa fille.

Cette fois, Maillard lui-même n'osa l'innocenter.

Seulement, faisant un effort sur lui-même, il dit :

— Innocent ou coupable, je crois qu'il serait indigne du peuple de tremper ses mains dans le sang de ce vieillard.

Mademoiselle de Sombreuil entendit cette noble parole, qui pèsera son poids dans la balance divine. Elle prit son père, elle l'entraîna par la porte de vie en criant : Sauvé ! sauvé !

Aucun jugement n'avait été prononcé, ni pour condamner ni pour absoudre.

Deux ou trois têtes d'assassins passèrent par la porte du guichet pour demander ce qu'il fallait faire.

Le tribunal resta muet.

— Ce que vous voudrez, dit un seul membre.

— Alors, crièrent les meurtriers, que la jeune fille boive à la santé de la nation.

Ce fut alors qu'un homme, aux manches retroussées, au visage féroce, présenta à mademoiselle de Sombreuil un verre, les uns disent de sang, les autres disent simplement de vin.

Mademoiselle de Sombreuil cria : Vive la Nation ! trempa ses lèvres dans la liqueur quelle quelle fût, et M. de Sombreuil fut sauvé.

Deux heures s'écoulèrent encore.

Puis la voix de Maillard, aussi impassible en évoquant les vivants que l'était celle de Minos en évoquant les morts, la voix de Maillard prononça ces mots :

La citoyenne Andrée de Tavernay, comtesse de Charny!

A ce nom, Gilbert sentit ses jambes lui faillir et le cœur lui manquer.

Une vie, plus importante à les yeux que sa propre vie, allait être débattue et jugée, condamnée ou sauvée.

— Citoyens, dit Maillard, aux membres du tribunal terrible, celle qui va comparaître devant vous est une pauvre femme, qui a été dévouée autrefois à l'Autrichienne, mais dont l'Autrichienne, ingrate comme une reine, a payé le dévouement par l'ingratitude; elle a tout perdu à cette amitié, sa fortune et son mari;—vous allez la voir vêtue de noir; et ce deuil, à qui le doit-elle? A la prisonnière du Temple. Citoyens, je vous demande la vie de cette femme.

Les membres du tribunal firent un signe d'assentiment.

Un seul dit :

— Il faudra voir.

— Alors, dit Maillard, regardez.

La porte s'ouvrait en effet, et l'on apercevait, dans les profondeurs du corridor, une femme, toute vêtue de noir, le front couvert d'un voile noir, qui s'avançait seule, sans soutien, et d'un pas ferme.

On eut dit une apparition de ce monde funèbre, d'où, comme dit Hamlet, nul voyageur n'est revenu encore.

A cette vue ce furent les juges qui frissonnèrent.

Elle arriva jusqu'à la table, et leva son voile.

Jamais plus incontestable, mais plus pâle beauté n'apparut aux regards des hommes.

On eut dit une divinité de marbre.

Tous les regards se fixèrent sur elle: — Gilbert demeura haletant.

Elle s'adressa à Maillard, et d'une voix à la fois suave et ferme :

— Citoyen, dit-elle, c'est vous qui êtes le président?

— Oui, citoyenne, répondit Maillard, étonné, lui, l'interrogateur, d'être interrogé à son tour.

— Je suis la comtesse de Charny, femme du comte de Charny, tué dans l'infâme journée du 10 août, une aristocrate, une amie de la reine, j'ai mérité la mort et je viens la chercher.

Les juges poussèrent un cri de surprise.

Gilbert pâlit, et s'enfonça le plus

qui lui fut possible dans l'angle du guichet espérant ainsi échapper au regard d'Andrée.

— Citoyens, dit Maillard, qui vit l'épouvante de Gilbert, cette femme est folle, la mort de son mari lui a fait perdre la raison ; plaignons-là et veillons sur sa vie, la justice du peuple ne punit pas les insensés.

Et il se leva, et voulut lui poser la main sur la tête, comme il faisait pour ceux qu'il proclamait innocents.

Mais Andrée écarta la main de Maillard.

— J'ai toute ma raison, dit-elle, et si

vous avez à faire grâce à quelqu'un, faites cette grâce à quelqu'un qui la demande et qui la mérite ; mais non pas à moi qui ne la mérite pas et qui la refuse.

Maillard se retourna du côté de Gilbert, et vit celui-ci les mains jointes.

— Cette femme est folle, répéta-t-il ; *qu'on l'élargisse.*

Et il fit signe à un membre du tribunal de la pousser dehors par la porte de la vie.

— Innocente, cria l'homme, laissez passer.

On s'écarta devant Andrée ; les sabres, les piques, les pistolets, s'abaissant devant cette statue du deuil.

Mais, après avoir fait dix pas, et tandis que, penché à la fenêtre, Gilbert à travers les barreaux, la regardait s'éloigner, elle s'arrêta.

— Vive le roi! cria-t-elle, vive la reine! opprobre sur le 10 août!

Gilbert jeta un cri et s'élança dans la cour.

Il avait vu briller la lame d'un sabre, mais rapide comme l'éclair, la lame avait disparu dans la poitrine d'Andrée.

Il arriva à temps pour la recevoir dans ses bras.

Andrée tourna vers lui son regard éteint et le reconnut.

— Je vous avais bien dit, que je mourrais malgré vous.

Puis d'une voix à peine intelligible.

— Aimez Sébastien pour nous deux, dit-elle.

Puis, plus faiblement encore :

— Près de lui, n'est-ce pas, près de mon Olivier, près de mon époux, pour l'éternité.

Et elle expira.

Gilbert la prit entre ses bras et l'enleva de terre.

Cinquante bras nus et rougis de sang le menacèrent à la fois.

Mais Maillard parut derrière lui, étendit la main au-dessus de sa tête et dit:

— Laissez passer le citoyen Gilbert qui emporte le cadavre d'une pauvre folle tuée par mégarde.

Chacun s'écarta; et Gilbert emportant le cadavre d'Andrée, passa au milieu des massacreurs, sans qu'un seul songeât à lui barrer le chemin, tant cette parole de Maillard était souveraine sur la multitude.

II

Ce qui se passait au Temple pendant le massacre.

La Commune, tout en organisant le massacre dont nous venons d'essayer de donner un spécimen, la Commune, tout en désirant terrasser l'Assemblée et la presse par la terreur, la Commune craignait fort qu'il n'arrivât malheur aux prisonniers du Temple.

Et en effet, dans la situation où l'on se trouvait; Longwy pris, Verdun investi, l'ennemi à cinquante lieues de Paris, le roi et la famille royale étaient de précieux ôtages qui garantissaient la vie aux plus compromis.

Des commissaires furent donc envoyés au Temple.

Cinq cents soldats armés eussent été insuffisants pour garder cette prison, qu'ils eussent peut-être ouverte eux-mêmes. Un commissaire trouva un moyen plus sûr que toutes les piques et toutes les bayonnettes de Paris.

C'était d'entourer le Temple d'un ruban tricolore, avec cette inscription :

Citoyens, vous qui au désir de la vengeance, savez allier l'amour de l'ordre, respectez cette barrière ; elle est nécessaire à notre surveillance et à notre responsabilité.

Étrange époque, où l'on brisait les portes de chêne, où l'on forçait les grilles de fer, et où l'on s'agenouillait devant un ruban.

Le peuple s'agenouilla devant le ruban tricolore du Temple, et le baisa. Nul ne le franchit.

Le roi et la reine ignoraient le 2 septembre, ce qui se passait dans Paris. — Il y avait bien autour du Temple une fermentation plus grande que de cou-

tume, mais on commençait à s'habituer à ces redoublements de fièvre.

Le roi dînait à deux heures. A deux heures, il dîna comme de coutume ; puis, après le dîner, descendit dans le jardin, comme de coutume encore, avec la reine, Madame Élisabeth, Madame Royale et le petit dauphin.

Pendant la promenade, les clameurs extérieures redoublèrent.

Un des municipaux qui suivait le roi, se pencha alors à l'oreille d'un de ses collègues, et luit dit, mais pas si bas cependant que Cléry ne pût l'entendre :

— Nous avons mal fait de consentir à les promener cet après-dîner.

Il était trois heures à peu près, et c'était juste au moment où l'on commençait d'égorger les prisonniers tranférés de la Commune à l'Abbaye et on tirait le canon d'alarme.

Le roi n'avait plus près de lui, en valet de chambre, que Cléry et M. Hus.

Le pauvre Thierry que nous avons vu, le 10 août, prêter sa chambre à la reine, pour y entretenir M. Rœderer, était à l'Abbaye, et devait y être tué dans la journée du 3.

Il paraît que c'était aussi l'avis du second municipal, qu'on avait eu tort de laisser sortir la famille royale, car tous deux lui intimèrent l'ordre de rentrer à l'instant même.

On obéit.

Mais à peine était-on réuni dans la chambre de la reine, que deux autres officiers municipaux, qui n'étaient point de service à la tour, entrèrent.

Alors l'un d'eux, ex-capucin, nommé Mathieu, s'avançant vers le roi :

— Vous ignorez, Monsieur, ce qui se passe, lui dit-il. La patrie est dans le plus grand danger.

— Comment voulez-vous que je sache quelque chose ici, lui dit le roi, je suis en prison et au secret.

— Eh bien! alors, je vais vous apprendre ce que vous ne savez pas, moi. C'est que l'ennemi est entré en Champagne, que le roi de Prusse marche sur Châlons.

La reine ne put réprimer un mouvement de joie.

Le municipal surprit ce mouvement, si rapide qu'il fût.

— Oh! oui, dit-il en s'adressant à la reine; oui, nous savons que nous, nos femmes, nos enfants, périront; mais vous répondrez de tout. Vous mourrez avant nous, et le peuple sera vengé!

— Il sera ce qu'il plaira à Dieu, répondit le roi ; j'ai tout fait pour le peuple, et n'ai rien à me reprocher.

Alors le même municipal se retournant vers M. Hus, qui se tenait près de la porte :

— Quant à toi, dit-il, la Commune m'a chargé de te mettre en état d'arrestation.

— Qui cela, en état d'arrestation, demanda le roi ?

— Votre valet de chambre.

— Mon valet de chambre ! Lequel ?

— Celui-là.

Il désigna M. Hus.

— M. Hus ! dit le roi ; de quoi l'accuse-t-on ?

— Cela ne me regarde pas ; mais il sera emmené ce soir, et les scellés mis sur ses papiers.

Puis en sortant, et s'adressant à Cléry :

— Prenez garde à la façon dont vous vous conduirez, dit-il, car il vous en arrivera autant, si vous ne marchez pas droit.

Le lendemain, 3 septembre, à onze du matin, le roi était réuni avec sa famille dans la chambre de la reine. Un municipal donna l'ordre à Cléry de monter dans celle du roi.

Manuel y était, et avec lui se trouvaient quelques membres de la Commune.

Tous les visages exprimaient visiblement une grande inquiétude. Manuel, nous l'avons déjà dit, n'était point un homme de sang, et il y avait un parti modéré, même dans la Commune.

— Que pense le roi de l'enlèvement de son valet de chambre, demanda Manuel (1).

— Sa Majesté en est fort inquiète, répondit Cléry.

— Il ne lui arrivera rien, répondit

(1) Cléry était valet de chambre du Dauphin,

Manuel; cependant je suis chargé de dire au roi qu'il ne reviendra plus, que le conseil le remplacera. Vous pouvez prévenir le roi de cette mesure.

— Je n'ai point mission de le faire, Monsieur, répondit Cléry; soyez donc assez bon pour me dispenser d'annoncer à mon maître une nouvelle qui lui sera douloureuse.

Manuel réfléchit un instant.

Puis :

— C'est bon, dit-il, je descends chez la reine.

Il descendit en effet et trouva le roi.

Le roi écouta, avec son calme ordinaire, la nouvelle qu'avait à lui annoncer le procureur de la Commune.

Puis, avec ce même visage impassible qu'il avait au 20 juin et au 10 août, et qu'il devait avoir jusqu'en face de l'échafaud.

— C'est bien, Monsieur, dit-il, je vous remercie. Je me servirai du valet de chambre de mon fils, et si le conseil s'y refuse, je me servirai moi-même. Et avec un léger mouvement de tête :

— J'y suis résolu, dit-il.

— Avez-vous quelque réclamation à faire, demanda Manuel.

— Nous manquons de linge, dit le roi, et ce nous est une grande privation. Croyez-vous que vous puissiez obtenir de la Commune que l'on nous en fournisse selon nos besoins?

— Je rendrai compte au conseil, répondit Manuel.

Puis, voyant que le roi ne lui demandait aucune nouvelle du dehors, Manuel sortit.

A une heure, le roi témoigna le désir de se promener.

Pendant ces promenades, on surprenait toujours certain signe de sympathie fait de quelque fenêtre, de quelque mansarde, derrière quelque jalousie, et c'était une consolation.

Les municipaux refusèrent de laisser descendre la famille royale.

A deux heures on se mit à table.

Vers le milieu du dîner, on entendit le bruit des tambours et un redoublement de cris.

Ces cris se rapprochaient du Temple.

La famille royale se leva de table et se réunit dans la chambre de la reine.

Le bruit se rapprochait toujours.

— Qui causait ce bruit?

On massacrait à la Force comme à l'Abbaye.

Seulement c'était non pas sous la présidence de Maillard, mais sous celle d'Hébert.

Aussi le massacre était-il plus terrible.

Et cependant, là, les prisonniers étaient plus faciles à sauver. Il y avait moins de prisonniers politiques à la Force qu'à l'Abbaye, les assassins moins nombreux, les spectateurs moins acharnés.

Mais au lieu que ce fût comme à l'Abbaye Maillard qui dominât le massacre, là c'était le massacre qui dominait Hébert.

On sauva quarante-deux personnes à la Force, on n'en sauva pas six à l'Abbaye.

Parmi les prisonniers de la Force était la pauvre petite princesse de Lamballe.

Nous l'avons vue passer dans les trois derniers livres que nous avons écrit, dans le *Collier de la Reine*, dans *Ange Pitou* et dans la *Comtesse de Charny*, comme l'ombre dévouée de Marie-Antoinette.

On lui en voulait énormément ; on l'appelait la conseillère de l'Autrichienne. Elle était sa confidente, son amie dévouée, quelque chose de plus, peut-être; on le disait, du moins, mais sa conseillère, jamais.

La mignonne fille de Savoie, avec sa petite bouche fine, mais serrée, avec son sourire fixe, était capable d'aimer, elle le prouva; mais de conseiller, et de conseiller une femme virile, entêtée, dominatrice, comme la reine, nous le répétons, jamais.

La reine l'avait aimée, comme elle avait aimé madame de Guéménée, madame de Marsan, madame de Polignac; mais, légère, inégale, inconstante dans tous ses sentiments, elle l'avait peut-être fait autant souffrir, comme amie qu'elle avait fait souffrir Charny comme amant.

Seulement l'amant s'était lassé, l'amie était restée fidèle.

Tous deux périrent pour celle qu'ils avaient aimé.

On se rappelle cette soirée que nous avons esquissée au pavillon de Flore. Madame de Lamballe recevait chez elle, et la reine voyait chez madame de Lamballe ceux qu'elle ne pouvait recevoir dans ses appartements.

Suleau et Barnave aux Tuileries, Mirabeau à Saint-Cloud.

Au 1ᵉʳ août, elle était encore en Angleterre, elle pouvait y rester et y garder une longue vie. La douce et bonne créature, sachant les Tuileries menacées, revint demander sa place près de la reine.

Au 10 août, conduite au Temple d'abord avec la reine, elle avait presque immédiatement été transférée à la Force.

Là, elle s'aperçut que le fardeau dépassait ses forces. Elle avait voulu mourir près de la reine, avec la reine. Sous ses yeux, la mort lui eût peut-être paru douce.

Loin de la reine, elle ne se sentait plus

la force de mourir. Ce n'était point une femme de la trempe d'Andrée, celle-là !

Elle était malade de terreur.

Elle n'ignorait pas, la frêle créature, toutes les haines soulevées contre elle. Enfermée dans une des chambres hautes de la prison avec madame de Navarre, elle avait, dans la nuit du 2 au 5, vu partir madame de Tourzel.

C'était lui dire :

— Vous restez pour mourir.

Aussi, couchée dans son lit, s'enfonçant sous ses draps à chaque bouffée de cris qui montait vers elle, comme fait un enfant qui a peur, elle s'évanouissait à chaque instant, et reprenant ses sens :

— Oh ! mon Dieu, disait-elle à chaque fois, j'espérais être morte.

Et elle ajoutait :

— Si l'on pouvait mourir comme on s'évanouit, ce n'est ni bien douloureux, ni bien difficile.

Le meurtre était partout, au reste, dans la cour, à la porte, dans les chambres inférieures.

Les cris montaient à elle par bouffées, l'odeur du sang lui parvenait comme une vapeur.

A huit heures du matin la porte s'ouvrit.

Sa terreur fut si grande cette fois qu'elle ne s'évanouit pas, qu'elle ne se cacha point sous ses draps.

Elle tourna la tête et vit deux gardes nationaux.

— Allons, levez-vous, Madame, dit brutalement l'un d'eux à la princesse, il faut aller à l'Abbaye.

— Oh! Messieurs, dit-elle, il m'est impossible de quitter le lit; je suis si faible, qu'il me serait impossible de marcher.

Puis elle ajouta d'une voix à peine intelligible.

— Si c'est pour me tuer, vous me tuerez aussi bien ici qu'ailleurs.

Un des hommes se pencha à son oreille, tandis que l'autre épiait à la porte.

— Obéissez, Madame, lui dit-il, nous voulons vous sauver.

— Alors retirez-vous, que je m'habille, dit la prisonnière.

Les deux hommes se retirèrent. Madame de Navarre l'aida à s'habiller, ou plutôt elle l'habilla.

Les deux hommes rentrèrent.

La princesse était prête.

Seulement elle ne pouvait marcher. La pauvre femme tremblait de tout son corps.

Elle prit le bras du garde national qui lui avait parlé, et, appuyée sur ce bras, elle descendit l'escalier.

En arrivant dans le guichet, elle se trouva tout-à-coup devant le tribunal de sang.

Hébert, nous l'avons dit, le présidait.

A la vue de ces hommes aux manches

retroussées, qui s'étaient constitués juges, à la vue de ces hommes aux mains sanglantes, qui s'étaient faits bourreaux, elle s'évanouit.

Trois fois interrogée, elle s'évanouit trois fois sans pouvoir répondre.

— Mais quand on vous dit qu'on veut vous sauver, lui dit tout bas l'homme qui lui avait déjà parlé.

Cette promesse lui rendit un peu de force.

— Que voulez-vous de moi, Messieurs, demanda-t-elle?

— Qui êtes-vous? demanda Hébert.

— Marie-Louise, princesse de Savoie.

— Votre qualité ?

— Surintendante de la maison de la reine.

— Avez-vous connaissance des complots de la cour au 10 août ?

— Je ne sais s'il y avait des complots au 10 août, mais s'il y en avait, j'y étais complétement étrangère.

— Jurez la liberté, l'égalité, la haine du roi, de la reine et de la royauté.

— Je jurerai facilement les deux premiers; mais je ne puis jurer le reste, qui n'est pas dans mon cœur.

— Jurez donc, lui dit tout bas le garde national, ou vous êtes morte.

La princesse étendit ses deux mains et fit en chancelant un pas instinctif vers le guichet

— Mais jurez donc, lui dit son protecteur.

— Alors, comme si dans la terreur de la mort elle eût craint de prononcer un serment honteux, elle mit sa main sur sa bouche pour comprimer en elle les paroles qui eussent pu s'échapper malgré elle.

Quelques gémissements passèrent entre ses doigts.

— Elle a juré, cria le garde national qui l'accompagnait.

Puis tout bas :

— Sortez vite par la porte qui est devant vous, ajouta-t-il en sortant. Criez : Vive la Nation ! et vous êtes sauvée.

En sortant elle se trouva dans les bras d'un massacreur qui l'attendait.

Ce massacreur, c'était le grand Nicolas, le même qui avait coupé les têtes des deux gardes du corps à Versailles.

Cette fois il avait promis de sauver la princesse.

Il l'entraîna vers quelque chose d'informe, de frissonnant, d'ensanglanté, en lui disant tout bas :

— Criez : Vive la Nation ! mais criez donc : Vive la Nation !

Sans doute allait-elle crier, par malheur elle ouvrit les yeux.

Elle se trouvait en face d'une montagne de cadavres, sur laquelle un homme piétinait avec des souliers ferrés, faisant jaillir le sang sous ses pieds, comme un vendangeur fait jaillir le jus du raisin.

Elle vit ce spectacle terrible, se détourna et ne put que pousser ce cri :

— Fi l'horreur !

On éteignit encore ce cri.

Cent mille francs avaient été donnés, dit-on, par M. de Penthièvre, son beau-père, pour la sauver.

On la poussait dans ce passage étroit qui mène de la rue Saint-Antoine à la prison et qu'on appelle le cul-de-sac des Prêtres, quand un misérable, un perruquier, nommé Charlat, qui venait de s'engager tambour dans les volontaires, perça la haie qui se pressait autour d'elle, et lui fit sauter son bonnet avec sa pique.

Voulait-il seulement faire sauter son bonnet, voulait-il la frapper au visage.

Le sang coula.

Le sang appelle le sang.

Un homme lança une bûche à la princesse.

La bûche l'atteignit derrière la tête.

Elle trébucha et tomba sur un genou.

Il n'y avait plus moyen de la sauver.

De tous côtés les sabres dardés, les piques allongées l'atteignirent.

Elle ne poussa pas même un cri ; elle était morte en réalité depuis les dernières paroles qu'elle avait prononcées.

A peine eut-elle expiré, peut-être même vivait-elle encore, que l'on se précipita sur elle. En un instant ses vêtements furent déchirés, jusqu'à la chemise ; et, palpitante des derniers frissonnements de l'agonie, elle se trouva nue.

Un sentiment obscène avait présidé à sa mort et hâtait ce dépouillement.

On voulait voir ce beau corps auquel

les femmes de Lesbos eussent rendu un culte.

Nue comme Dieu l'avait faite, on l'étala alors à tous les yeux sur une borne.

Quatre hommes s'installèrent devant cette borne, lavant et essuyant le sang qui coulait par sept blessures.

Un cinquième la montrait avec une baguette et détaillait les beautés qui disait-on avaient fait sa faveur autrefois, et qui, à coup sûr aujourd'hui, avaient causé sa mort.

Elle resta ainsi exposée de huit heures à midi.

Enfin l'historien se lassa de ce cours

d'histoire scandaleuse fait sur un cadavre.

Un homme vint et lui coupa la tête.

Hélas! ce cou long et flexible comme celui d'un cygne, présentait peu de résistance.

Celui qui commit ce crime, plus hideux peut-être encore sur un cadavre que sur un être vivant, s'appelait Grison. L'histoire est la plus inexorable des divinités. Elle arrache une plume de son aile, la trempe dans le sang; elle écrit un nom, et ce nom est voué à l'exécration de la postérité.

Cet homme fut guillotiné plus tard

comme chef d'une bande de voleurs.

Un second, nommé Rodi, lui ouvrit la poitrine et lui arracha le cœur.

Un troisième, nommé Mamin, s'en prit à une autre partie du corps.

C'était aussi à cause de son amour pour la reine qu'on mutilait ainsi la pauvre femme.

Il fallait que la reine fût bien haïe.

On planta sur des piques les trois lambeaux détachés de ce corps et l'on s'achemina vers le Temple.

Une foule immense suivait les trois

hideux assassins, mais, à part quelques enfants et quelques hommes, ivres vomissant tout ensemble le vin et l'injure, tout le cortége gardait un silence d'effroi.

Une boutique de perruquier se trouvait sur la route.

On y entra.

L'homme qui portait la tête la posa sur une table.

— Frisez-moi cette tête-là, dit-il, elle va voir sa maîtresse au Temple.

Le perruquier frisa les magnifiques cheveux de la princesse,

Puis on se remit en route pour le Temple, cette fois avec de grands cris.

C'étaient ces cris qu'avaient entendu la famille royale à table.

Les assasins venaient; ils avaient eu cette abominable idée de montrer à la reine cette tête, ce cœur et cette autre partie du corps de la princesse.

Ils se présentèrent au Temple.

Le ruban tricolore leur barrait le passage.

Ces hommes, ces assassins, ces meurtriers, ces massacreurs, n'osèrent enjamber par-dessus un ruban.

Ils demandèrent qu'une députation de six assassins, dont trois portaient les lambeaux que nous avons dits, entrassent au Temple et fissent le tour du donjon, afin de montrer ces sanglantes reliques à la reine.

La requête était si raisonnable qu'elle fut accordée sans discussion.

Le roi était assis et faisait semblant de jouer au tric-trac avec la reine. En se rapprochant ainsi sous prétexte de jeu, au moins les prisonniers pouvaient dérober quelques paroles aux municipaux.

Tout-à-coup le roi vit l'un d'eux fermer vivement la porte, et, se précipitant vers la fenêtre, en tirer violemment les rideaux.

C'était un nommé Daujon, un ancien séminariste, espèce de géant, qu'à cause de sa grande taille on appelait l'abbé de six pieds.

— Qu'y a-t-il donc, demanda le roi, et pourquoi fermez-vous la porte et tirez-vous le rideau ?

Cet homme, profitant de ce que la reine lui tournait le dos, faisait de la main signe au roi de ne pas l'interroger.

Les cris, les injures, les menaces, arrivaient jusqu'à lui, malgré la porte et les fenêtres closes. Le roi comprit qu'il se passait quelque chose de terrible; il posa sa main sur l'épaule de la reine pour la maintenir à sa place.

En ce moment on frappa à la porte, et, bien malgré lui, Daujon fut obligé d'ouvrir.

C'étaient des officiers de garde et des municipaux.

— Messieurs, demanda le roi, ma famille est-elle en sûreté?

— Oui, répondit un homme en habit de garde national et portant deux épaulettes. Mais on fait courir le bruit qu'il n'y a plus personne à la Tour et que vous êtes sauvés tous. Mettez-vous à la fenêtre pour rassurer le peuple.

Le roi ne voyait aucun inconvénient à obéir, ignorant ce qui se passait.

Il fit un mouvement pour s'avancer vers la fenêtre.

Mais Daujon l'arrêta.

— Ne faites pas cela, Monsieur, dit-il.

Puis se retournant vers les officiers de la garde nationale :

— Le peuple, dit-il, doit montrer plus

de confiance dans ses magistrats.

— Eh bien! dit l'homme aux épaulettes, ça n'est pas tout cela, on veut que vous veniez à la fenêtre. C'est pour vous faire voir la tête et le cœur de la princesse de Lamballe qu'on vous apporte, et vous montrer par là comment le peuple traite ses tyrans. Je vous conseille donc de paraître, si vous ne voulez qu'on vous apporte tout cela ici.

La reine jeta un cri et tomba évanouie.

Elle n'avait cependant rien vu.

Le roi se retourna au cri poussé par la reine, et la voyant pâle et mourante dans les bras de madame Élisabeth et de Madame Royale :

— Ah ! monsieur, dit-il, vous auriez pu vous dispenser d'apprendre à la reine cet affreux malheur.

Puis, lui montrant du doigt le groupe des trois femmes :

— Voyez ce que vous avez fait, ajouta-t-il.

L'homme haussa les épaules et sortit en chantant la *Carmagnole*.

A six heures un homme entra pour compter au roi 2,500 francs.

Cet homme était le secrétaire de Pétion.

Voyant la reine debout et immobile, il crut que c'était par respect pour lui qu'elle se tenait ainsi, et il eut la bonté de l'inviter à s'asseoir.

— Ma mère se tenait ainsi, dit Madame Royale dans ses Mémoires, parce que, depuis cette affreuse scène, elle était restée debout et immobile, ne voyant rien de ce qui se passait dans la chambre.

La Terreur l'avait changée en statue.

III

Valmy.

Et maintenant pour un instant détournons nos yeux de ces effroyables scènes de massacre, et suivons dans les défilés de l'Argonne un des personnages de notre histoire, sur lequel reposent en ce moment les destinées suprêmes de la France.

On comprend qu'il est question de Dumouriez.

Dumouriez, nous l'avons vu, avait en quittant le ministère, reprit son grade de général en activité, et, lors de la fuite de Lafayette, reçu le titre de commandant en chef de l'armée de l'Est.

Ce fut une espèce de miracle d'intuition de la part des factions différentes, que cette nomination de Dumouriez.

Dumouriez était, en effet, détesté par les uns, méprisé par les autres; mais, plus heureux que ne le fut Danton au

2 septembre, on reconnut en lui l'homme qui pouvait sauver la France.

Les Girondins qui le nommaient, haïssaient Dumouriez ; ils l'avaient fait entrer au ministère, lui, on se le rappelle, les en avait fait sortir. Et cependant ils allèrent le chercher obscur à l'armée du Nord et le firent général en chef.

Les Jacobins haïssaient et méprisaient Dumouriez. Ils comprirent cependant que la première ambition de cet homme, c'était la gloire, et qu'il vaincrait ou se ferait tuer. Robespierre, n'osant le soutenir, à cause de sa mauvaise réputation, le fit soutenir par Couthon.

Danton ne haïssait ni ne méprisait Dumouriez. C'était un de ces homme au robuste tempérament qui jugent les choses de haut et qui s'inquiètent peu des réputations, tout prêts qu'ils sont à utiliser les vices eux-mêmes, s'ils peuvent obtenir des vices le résultat que leur refusent les vertus.

Danton seulement, tout en sachant le parti qu'on pouvait tirer de Dumouriez, se défiait de sa stabilité. Il lui envoya deux hommes, l'un était Fabre d'Églantine, c'est-à-dire sa pensée ; l'autre, Westermann, c'est-à-dire son bras.

On mit toutes les forces de la France dans les mains de cet homme que l'on appelait un intrigant.

Le vieux Luckner, soudard allemand, qui avait prouvé son incapacité au commencement de la campagne, fut envoyé à Châlons pour lever des recrues.

Dillon, brave soldat, général distingué, plus élevé que Dumouriez dans la hiérarchie militaire, reçut l'ordre de lui obéir.

Kellermann aussi fut mis sous les ordres de cet homme, à qui la France éplorée jetait tout-à-coup son épée en disant : — Je ne connais que toi qui puisse me défendre, défends-moi.

Kellermann gronda, sacra, pleura, mais obéit.

Seulement il obéit mal. Il lui fallut le bruit du canon pour en faire ce qu'il était réellement, un fils dévoué de la patrie.

Maintenant, comment ces souverains alliés, dont la marche était marquée par étapes jusqu'à Paris, s'arrêtaient ils tout-à-coup après la prise de Longwy, après la reddition de Verdun?

Un spectre était debout entre eux et Paris.

Le spectre de Beaurepaire.

Beaurepaire, ancien officier de carabiniers, avait formé et commandé le bataillon de Maine-et-Loire. Au moment où l'ennemi mit le pied sur le sol de la France, ils traversèrent la France au pas de course de l'Ouest à l'Est.

Ils rencontrèrent sur leur route un député patriote qui retournait dans le pays.

— Que dirai-je de votre part à vos familles, demanda le député ?

— *Que nous sommes morts*, répondit une voix.

Nul Spartiate marchant aux Thermopyles ne fit plus sublime réponse.

L'ennemi arriva devant Verdun, comme

nous l'avons dit. C'était le 30 août 1792. Le 31, la ville était sommée de se rendre.

Beaurepaire et ses hommes voulaient combattre jusqu'à la mort.

Le conseil de défense, composé de municipaux et des principaux habitants de la ville qu'ils s'étaient adjoints, lui ordonna de se rendre.

Beaurepaire sourit dédaigneusement.

— J'ai fait le serment de mourir plutôt que de me rendre, dit-il. Survivez à votre honte et à votre déshonneur, si vous le voulez! moi je reste fidèle à mon serment. Voici mon dernier mot :

— Je meurs.

Et il se brûla la cervelle.

Ce spectre était aussi grand et plus terrible que le géant Adamastor.

Puis, ces souverains alliés, qui croyaient, sur le dire des émigrés, que la France allait voler au-devant d'eux, voyaient bien autre chose encore.

Ils voyaient cette terre de France, si féconde et si peuplée, changée en désert comme par un coup de baguette. Les grains avaient disparu comme si une trombe les eût emportés.

Ils s'en allaient à l'Ouest.

Le paysan armé était seul resté debout sur son sillon. Ceux qui avaient des fusils avaient pris leurs fusils, ceux qui n'avaient qu'une faulx avaient pris leur faulx, ceux qui n'avaient qu'une fourche avaient pris leur fourche.

Puis le temps s'était déclaré pour nous. Une pluie acharnée mouillait les hommes, détrempait la terre, défonçait les chemins. Sans doute, cette pluie tombait pour les uns comme pour les autres, pour les Français comme pour les Prussiens.

Seulement tout venait en aide aux Français, tout était hostile aux Prussiens. Le paysan, qui n'avait pour l'ennemi que le fusil, la fourche ou la faulx, pis que tout cela, que des raisins verts, le paysan avait pour ses compatriotes le verre de vin caché derrière les fagots, le verre de bierre enterré dans un coin inconnu du cellier, la paille sèche répandue sur la terre, véritable lit du soldat.

On avait fait faute sur faute, Dumouriez, tout le premier, et dans ses Mémoires, il raconte les unes comme les autres, les siennes, comme celles de ses lieutenants.

Il avait écrit à l'Assemblée nationale : les défilés de l'Argonne sont les Thermopyles de la France. Mais, soyez tranquille, plus heureux que Léonidas, je n'y mourrai pas.

Et il avait mal fait garder les défilés de l'Argonne et l'un d'eux avait été pris, et il avait été obligé de battre en retraite. Deux de ses lieutenants étaient égarés, perdus. Il était à peu près égaré et perdu lui-même avec 15,000 hommes seulement, et 15,000 hommes si complètement démoralisés, que deux fois ils prirent la fuite devant 1,500 hussards prussiens. Mais lui seul ne désespéra point, garda sa confiance et même sa gaîté, écrivant aux ministres : Je réponds de tout. Et, en effet, poursuivi, tourné, coupé, il fit sa jonction avec les 10,000 hommes de Beurnonville, les

15,000 hommes de Kellermann. Il retrouva ses généraux perdus, et le 19, il s'établit au camp de Sainte-Ménéhould, étendant à droite et à gauche les deux mains sur 76,000 hommes, quand les Prussiens n'en avaient que 70,000.

Il est vrai que souvent cette armée murmurait. Elle était parfois deux ou trois jours sans pain. Alors Dumouriez allait se mêler à ses soldats.

— « Mes amis, leur disait-il, le fameux maréchal de Saxe a fait un livre sur la guerre, dans lequel il dit qu'au moins une fois par semaine, il faut faire manquer la livraison de pain aux troupes pour les rendre, en cas de nécesité, moins sensibles à cette privation. Nous y y voici, et vous êtes moins à plaindre que ces Prussiens que vous voyez devant vous, qui sont quelquefois quatre jours sans pain et qui mangent leurs chevaux morts. Vous avez du lard, du riz, de la farine. Faites des galettes, la liberté les assaisonnera. »

Puis il y avait quelque chose de pis. C'étaient cette boue de Paris, cette écume du 2 septembre, qu'on avait poussé aux armées après le massacre. Ils étaient venus, tous ces misérables, chantant le *Ça ira!* criant que ni épaulettes, ni croix de Saint-Louis, ni habits brodés, ils ne souffriraient rien de tout cela, arracheraient décorations et plumets et mettraient tout à la raison.

Ils arrivèrent ainsi au camp et furent étonnés du vide qui s'opéra autour d'eux. Personne ne daigna répondre soit à leurs menaces, soit à leurs avances.

Seulement le général annonça une revue pour le lendemain.

Le lendemain les nouveaux venus se trouvèrent, par une manœuvre commandée d'avance, pris entre une cavalerie nombreuse et hostile prête à les sabrer, et une artillerie menaçante prête à les foudroyer.

Alors Dumouriez s'avança vers ces

hommes. Ils formaient sept bataillons.

— Vous autres, dit-il, car je ne veux vous appeler ni citoyens, ni soldats, ni mes enfants ; vous voyez devant vous cette artillerie, derrière vous cette cavalerie, c'est vous dire que je vous tiens entre le fer et le feu. Vous vous êtes déshonorés par des crimes, je ne souffre ici ni assassins, ni bourreaux. Je vous ferai hacher en pièces à la moindre mutinerie. Si vous vous corrigez, si vous vous conduisez comme cette brave armée dans laquelle vous avez l'honneur d'être admis, vous trouverez en moi un bon père. Je sais qu'il y a parmi vous des scélérats chargés de vous pousser au crime, chassez-les vous-mêmes, ou dénoncez les moi. Je vous rends responsables les uns des autres.

Et non-seulement ces hommes courbèrent la tête et devinrent d'excellents soldats; non-seulement ils chassèrent les indignes, mais ils mirent en pièces ce misérable Charlot qui avait frappé la princesse de Lamballe d'une hache et qui avait porté sa tête au bout d'une pique.

Ce fut dans cette situation que l'on attendit Kellerman, sans lequel on ne pouvait rien risquer.

Le 19, Dumouriez reçut l'avis qu'il arrivait à deux lieues de lui, derrière sa gauche.

Dumouriez lui envoya sur-le-champ une instruction.

Il l'invitait à venir occuper le lendemain le camp entre Dampierre et l'Elise, derrière Lauve.

L'emplacement était parfaitement désigné.

En même temps qu'il envoyait cette instruction à Kellermann, Dumouriez voyait se dérouler devant lui l'armée prussienne sur les montagnes de la Lune: de sorte que les Prussiens se trouvaient entre Paris et lui, et par conséquent plus près de Paris que lui.

Il y avait toute probabilité que les

Prussiens venaient chercher une bataille.

Dumouriez, en conséquence, mandait à Kellermann de prendre son champ de combat sur les hauteurs du moulin de Valmy et de Gizaucourt.

Kellermann confondit son camp avec son champ de combat. Il s'arrêta sur les hauteurs de Valmy.

C'était une grande faute, ou une terrible adresse.

Placé comme il l'était, Kellermann ne pouvait se retourner qu'en faisant passer toute son armée sur un pont étroit.

Il ne pouvait se replier sur la droite de Dumouriez qu'en traversant un marais où il se fût englouti.

Il ne pouvait se replier sur la gauche que par une vallée profonde où il eût été écrasé.

Pas de retraite possible.

Est-ce cela qu'avait voulu le vieux soldat alsacien? Alors il avait grandement réussi.

Un bel endroit pour vaincre ou mourir !

Brunswick regardait nos soldats avec étonnement.

— Ceux qui se sont logés là, dit-il au roi de Prusse, sont décidés à ne pas reculer.

Mais on laissa croire à l'armée prussienne que Dumouriez était coupé, et on lui assura que cette armée de tailleurs, de vagabonds et de savetiers, comme l'appelaient les émigrés, se disperserait aux premières volées de son canon.

On avait négligé de faire occuper les hauteurs de Gizaucourt par le général Chazot, qui était placé le long du grand chemin de Châlons, hauteur d'où il aurait battu en flanc les colonnes prussiennes. Les Prussiens profitèrent de la négligence et s'y établirent.

Ce furent eux alors qui battirent en flanc la position de Valmy.

Le jour s'éleva assombri par un épais brouillard. Mais, peu importait, les Prussiens savaient où était l'armée française. Elle était sur les hauteurs de Valmy et ne pouvait être ailleurs. Soixante bouches à feu s'allumèrent en même temps.

Ils tirèrent au hasard ; mais ils tiraient dans des masses. Peu importait donc de tirer juste.

Les premiers coups furent terribles à

supporter pour cette armée, toute d'enthousiasme, qui eût admirablement su attaquer, mais qui savait mal attendre.

Puis le hasard, ce n'était point l'adresse, puisqu'on n'y voyait pas, le hasard fut d'abord contre nous.

Les obus des Prussiens mirent le feu à deux camions qui éclatèrent.

Les conducteurs des charriots sautèrent à bas des chevaux pour se mettre à l'abri de l'explosion.

On les prit pour des fuyards.

Kellermann poussa son cheval vers cet

endroit plein de confusion où se mêlaient le brouillard et la fumée.

Tout-à-coup, on vit son cheval et lui, rouler, foudroyés.

Le cheval était traversé par un boulet; l'homme, par bonheur, n'avait rien. Il sauta sur un autre cheval, et rallia quelques bataillons qui commençaient à se troubler.

En ce moment, il était onze heures du matin, on commençait à distinguer à travers le brouillard.

Kellermann vit les Prussiens qui se formaient en trois colonnes pour venir attaquer le plateau de Valmy.

Il forma ses soldats en trois colonnes, et parcourant toute la ligne :

— Soldats, dit-il, pas un coup de fusil, attendez l'ennemi corps à corps et recevez-le à la bayonnette.

Puis, mettant son chapeau au bout de son sabre :

— Vive la Nation ! — et allons vaincre pour elle.

A l'instant même, toute son armée imite son exemple : chaque soldat met son chapeau au bout de sa bayonnette, en criant : Vive la Nation ! Le brouillard se lève, la fumée se dissipe, et Brunswick voit avec sa lorgnette un spectacle étrange, extraordinaire, inouï.

— Trente mille Français immobiles tête nue, agitant leurs armes et ne répondant au feu de leurs ennemis que par le cri de : Vive la Nation !

Brunswick secoua la tête. S'il eut été seul, l'armée prussienne n'eut pas fait un pas de plus ; mais le roi était là, il voulait la bataille, il fallut obéir.

Les Prussiens montèrent fermes et sombres ; le roi de Prusse et Brunswick les suivaient des yeux.

Ils franchissaient l'espace qui les séparaient de leurs ennemis avec la solidité d'une vieille armée de Frédéric.

Chaque homme semblait être attaché par un anneau de fer à celui qui le précédait.

Tout-à-coup, par le milieu, l'immense serpent sembla se briser, mais ses tronçons se joignirent aussitôt.

Cinq minutes après, il était de nouveau brisé et se rejoignait encore.

Vingt pièces de canon de Dumouriez les prenaient en flanc et les écrasaient sous une pluie de feu.

Le tête ne pouvait monter, tirée qu'elle était à chaque instant en arrière par les convulsions du corps, brisé par la mitraille.

Brunswick vit que c'était une journée perdue, et fit sonner le rappel.

Le roi ordonna de battre la charge, se mit à la tête de ses soldats et poussa sa docile et vaillante infanterie sous le double feu de Kellermann et de Dumouriez.

Il se brisa sur les lignes françaises.

Quelque chose de lumineux et de splendide planait sur cette jeune armée.

C'était la foi.

— Je n'ai pas vu de fanatiques pareils depuis les guerres de religion, dit Brunswick.

Ceux-là c'étaient les fanatiques sublimes, les fanatiques de la liberté.

Ils venaient, les héros de 93, de commencer cette grande conquête de la guerre, qui devait se terminer par la conquête des esprits.'

Le 20, Dumouriez sauvait la France.

Le lendemain, la Convention émancipait l'Europe en proclamant la République.

IV

Le 21 septembre.

Le 21 septembre, à midi, avant que l'on connût dans Paris la victoire remportée la veille par Dumouriez, et qui sauvait la France, les portes de la salle du manége s'ouvrirent, et l'on vit entrer lentement et solennellement, jetant les uns sur les autres des regards interrogateurs, les sept cent quarante-neuf membres composant la nouvelle Assemblée.

Sur ces sept cent quarante-neuf membres, deux cents appartenaient à l'ancienne Assemblée.

La Convention nationale avait été élue sous le coup des nouvelles de septembre. On eût donc pu croire au premier abord à une assemblée réactionnaire, il y avait mieux, plusieurs nobles même avaient été élus; une pensée toute démocratique ayant appelé les domestiques à voter.

Quelques-uns avaient nommé leurs maîtres.

C'étaient d'ailleurs, ces députés nouveaux, des bourgeois, des médecins, des avocats, des professeurs, des prêtres assermentés, des gens de lettres, des journalistes, des marchands.

L'esprit de cette masse était inquiet et flottant; cinq cents représentants au moins n'étaient ni Girondins, ni Montagnards. Les événements détermineraient la place qu'ils occuperaient à la chambre.

Mais tout cela était unanime dans une double haine :

Haine contre les journées de septembre

Haine contre la députation de Paris

presque entière, tirée de la Commune, qui avait fait ces terribles journées.

On eut dit que le sang versé coulait à travers la salle du manége, et isolait les cent Montagnards du reste de l'Assemblée.

Le centre lui-même, comme pour s'écarter du rouge ruisseau, appuyait vers la droite.

C'est qu'aussi la montagne, — reportons-nous aux hommes et aux événements qui venaient de s'accomplir, — la Montagne présentait un terrible aspect.

C'était d'abord, dans les rangs inférieurs, toute la Commune.

Au-dessus de la Commune, ce fameux comité de surveillance qui avait fait le massacre.

Puis, comme une hydre à trois têtes, à son plus haut sommet, trois visages terribles, trois masques profondément caractérisés.

D'abord, la froide et impassible figure de Robespierre, à la peau parcheminée collée sur son front étroit, aux yeux clignottants, cachés sous ses lunettes, aux mains étendues et crispées sur ses genoux, à l'instar de ces figures égyptiennes, taillées dans le plus dur de tous les marbres, dans le porphyre-sphynx, qui semblait seul savoir le mot de la révolution, mais à qui nul n'osait le demander.

Auprès de lui, le visage bouleversé de Danton, avec sa bouche tordue, son masque mobile, empreint d'une sublime laideur, son corps fabuleux, moitié homme, moitié taureau, presque sympathique avec tout cela, car on sentait que ce qui faisait frissonner cette chair, jaillir cette lave, c'étaient les battements d'un cœur, profondément patriotique, et que cette large main qui obéissait toujours à son premier battement, s'étendait avec la même facilité pour frapper un ennemi debout ou pour relever un ennemi à terre.

Puis à côté de ces deux visages si différents d'expression, derrière eux, au-dessus d'eux, apparaissait non pas un homme, il n'est point permis à la créature humaine d'atteindre à un pareil degré de laideur, mais un monstre, une chimère, une vision terrible et ridicule.

Marat !

Marat, avec son visage cuivré, taché de bile et de sang, ses yeux indolents et éblouis, sa bouche fade, largement fendue, disposée pour lancer ou plutôt pour vomir l'injure, son nez tordu, vaniteux, aspirant par ses narines ouvertes ce souffle de popularité, qui pour lui rasait l'égoût et montait du ruisseau.

Marat, mis comme le plus sale de ses

admirateurs, la tête ceinte d'un linge
maculé, avec ses souliers à clous sans
boucles, souvent sans cordons, son pan-
talon de drap grossier taché de boue,
ou plutôt trempé de boue, sa chemise
ouverte sur sa poitrine maigre et cependant large, relativement à sa taille. Sa cravate noire, grasse, huileuse, étroite, laissant voir les hideuses attaches de son cou,
qui, mal d'accord entr'elles, laissaient
la tête pencher à gauche; ses mains sales
et épaisses, toujours menaçantes, toujours montrant le poing et, dans les inter-
valles de leurs menaces, labourant ses
cheveux gras.

Tout cet ensemble, torse de géant sur
des jambes de nain, était hideux à voir,

aussi le premier mouvement en l'apercevant était-il de se détourner.

Mais l'œil ne se détournait point si vite qu'il ne lût sur tout cela : 2 septembre, et alors l'œil restait fixé et effaré, comme sur une autre tête de Méduse.

Voilà les trois hommes que les Girondins accusaient d'aspirer à la dictature.

Eux, de leur côté, accusaient les Girondins de vouloir le fédéralisme.

Deux hommes, qui se rattachent par des intérêts et des opinions différentes au récit que nous avons entrepris, étaient assis aux deux côtés opposés de cette chambre :

Billot, Gilbert.

Gilbert à l'extrême droite, entre Lanjuinais et Kersaint.

Billot à l'extrême gauche, entre Thuriot et Couthon.

Les membres de l'ancienne Assemblée législative escortaient en corps la Convention.

Ils venaient abdiquer solennellement, remettre leurs pouvoirs aux mains de leurs successeurs.

François de Neufchâteau, dernier président de l'Assemblée dissoute, monta à la tribune et prit la parole :

« Représentants de la Nation, dit-il, l'Assemblée législative a cessé ses fonctions, elle dépose le gouvernement entre vos mains.

« Le but de vos efforts sera de donner aux Français la liberté, les lois et la paix. *La liberté*, sans laquelle les Français ne peuvent plus vivre. *Les lois*, le plus ferme fondement de la liberté. *La paix*, le seul et unique but de la guerre.

« LA LIBERTÉ, LES LOIS ET LA PAIX, ces trois mots furent gravés par les Grecs sur les portes du Temple de Delphe.

« Vous les imprimerez sur le sol entier de la France. »

L'Assemblée législative avait duré un an. Elle avait vu s'accomplir d'immenses et terribles événements : Le 20 juin, le 10 août, les 2 et 3 septembre.

Elle laissait à la France la guerre avec les deux puissances du Nord.

La guerre civile dans la Vendée.

Une dette de deux millards deux cent millions d'assignats.

Et la victoire de Valmy remportée, la veille, et ignorée encore de tout le monde.

Pétion, fut nommé président par acclamation.

Condorcet, Brissot, Ralaut Saint-Étienne, Vergniaud Camus et Lasource, furent nommés secrétaires.

Cinq girondins sur six.

La Convention toute entière, à part peut-être trente ou quarante membres, voulait la République.

Seulement les Girondins avaient décidé, dans une réunion, chez Madame Roland, qu'on n'admettrait la discussion sur le changement du gouvernement qu'à leur heure, à leur temps, à leur lieu.

C'est-à-dire quand ils se seraient emparé des commissions exécutives et de la commission de la Constitution.

Mais, le 20 septembre, le jour même de la bataille de Valmy, d'autres combattants livraient une bataille bien autrement décisive.

Saint-Just, Lequinio, Panis, Billaut-Varennes, Collot-d'Herbois et quelques autres membres de la future Assemblée dînaient au Palais-Royal.

Ils résolurent que, dès le lendemain, le mot de République serait lancé à leurs ennemis.

— S'ils le relèvent, dit Saint-Just, ils sont perdus, car ce mot c'est nous qui les premiers l'aurons prononcé.

S'ils l'écartent ils sont perdus encore, car en s'opposant à cette passion du peuple, ils seront submergés par l'impopularité que nous amasserons sur leurs têtes.

Collot-d'Herbois se chargea de la motion.

Aussi à peine François de Neufchâteau eut-il remis les pouvoirs de l'ancienne Assemblée à la nouvelle que Collot-d'Herbois demanda la parole.

Elle lui fut accordée.

Il monta à la tribune, le mot d'ordre était donné aux impatients.

« Citoyens représentants, dit-il, je propose ceci : C'est que le premier décret de l'Assemblée qui vient de se réunir soit l'abolition de la royauté. »

A peine ces mots furent-ils prononcés qu'une acclamation immense s'éleva de la salle et des tribunes.

Deux opposants se levèrent seuls, deux républicains biens connus.

Barrère et Quinette.

Ils demandaient qu'on attendît le vœu du peuple.

« Le vœu du peuple : pourquoi faire demanda un pauvre curé de village, à quoi bon délibérer quand tout le monde est d'accord ?

Les rois sont dans l'ordre moral ce que les monstres sont dans l'ordre physique, les cours sont l'atelier de tous les crimes, l'histoire des rois est le martyrologe des nations. »

On demanda quel était l'homme qui venait de faire cette courte mais énergique histoire de la royauté.

Peu savaient son nom. — Il s'appelait Grégoire.

Les Girondins sentirent le coup qui leur était porté.

Ils allaient être à la remorque des Montagnards.

Rédigeons le décret séance tenante cria de sa place Ducos, l'ami et l'élève de Vergniaud.

Le décret n'a pas besoin de considérant, après les lumières que le 10 août a répandues.

Le considérant de votre décret d'abolition de la royauté, ce sera l'histoire des crimes de Louis XVI.

Ainsi l'équilibre se trouvait rétabli, les Montagnards avaient demandé l'abolition de la royauté, mais les Girondins avaient demandé l'établissement de la République.

La République ne fut pas décrétée : elle fut votée par acclamation.

On se jetait non-seulement dans l'avenir pour fuir le passé, mais dans l'inconnu par haine du connu.

La proclamation de la République répondait à un immense besoin populaire.

C'était la consécration de la longue lutte que le peuple avait soutenue depuis les Communes, c'était l'abolition de la Jacquerie, des Maillotins de la Ligue, de la Fronde, de la Révolution, c'était le couronnement de la foule au détriment de la royauté.

On eut dit, tant chaque citoyen respirait librement, qu'on venait d'enlever de la poitrine de chacun le poids du trône.

Les heures d'illusion furent courtes mais splendides, on avait cru proclamer une république, on venait de consacrer une révolution.

N'importe, on avait fait une grande chose et qui allait, pour plus d'un siècle, ébranler le monde.

Les vrais républicains, les plus purs au moins, ceux qui voulaient la république exempte de crime, ceux qui, le lendemain, allaient heurter de front le triumvirat, Danton, Robespierre et Marat, les Girondins étaient au comble de la joie.

La République, c'était la réalisation de leur vœu le plus cher, on venait grâce à eux de retrouver sous les débris de vingt siècles le type des gouvernements humains.

La France avait été une Athènes sous François Ier et Louis XVI, elle allait devenir une Sparte avec eux.

C'était un beau, un sublime rêve.

Aussi le soir se réunirent-ils dans un banquet chez le ministre Roland, là se trouvaient Vergniaud, Guadet, Louvet, Pétion, Boyer Fonfrède, Barbaroux, Gensonné, Grangeneuve, Condorcet ; ces convives que devait avant un an réunir un autre banquet bien autrement solennel encore que celui-là.

Là chacun tournant le dos au lendemain, fermant les yeux à l'avenir, jeta volontairement le voile sur l'Océan inconnu où l'on entrait et où l'on entendait rugir ce gouffre qui, pareil au Malestroum des fables indiennes, devait engloutir sinon le bâtiment, du moins les pilotes et les matelots.

La pensée de tous était enfantée, elle avait pris une forme, un aspect, un corps, elle était là sous leurs yeux ; la jeune république, comme Minerve, sortait armée du casque et de la pique, que demandaient-ils de plus.

Ce fut pendant les deux heures que durèrent la solennelle agape, un échange de hautes pensées derrière lesquelles se grouppaient de grands dévouements ; ces hommes là parlaient de leur vie comme d'une chose qui ne leur appartenaient déjà plus, mais à la nation ; ils réservaient l'honneur, voilà tout ; au besoin ils abandonnaient même la renommée.

Il y en avait qui, dans le fol ennivrement de leurs jeunes espérances, voyait s'ouvrir devant eux ces horizons azurés et infinis qu'on ne trouve que dans les rêves.

Ceux-là c'étaient les jeunes les ardents, ceux qui étaient entrés de la veille dans cette lutte la plus énervante de toutes : la lutte de la tribune.

C'étaient Barbaroux, Rebèqui, Ducos, Boyer Fonfrède.

Il y en avait d'autres qui s'arrêtaient et qui faisaient halte au milieu du chemin, reprenant des forces pour la course qui leur restait à accomplir.

C'étaient ceux qui avaient pliés sous les rudes journées de la législative.

C'étaient les Guadet, les Gensonné, les Grangeneuve, les Vergniaud.

Il y en avait d'autres enfin qui se sentaient arrivés à leur but et qui comprenant que la popularité les abandonnaient, couchés à l'ombre du feuillage naissant de l'arbre républicain, se demandaient avec mélancolie si c'était bien la peine de se relever, de ceindre de nouveau leurs reins, de reprendre le bâton du voyageur pour aller trébucher au premier obstacle.

C'était Roland, c'était Péthion.

Mais aux yeux de tous ces hommes quel était le chef de l'avenir, quel était le principal auteur, quel serait le futur modérateur de la jeune république.

— C'était Vergniaud.

A la fin du dîner, il remplit son verre, se leva.

— Amis, dit-il, un toast.

Tous se levèrent comme lui.

— A l'éternité de la République!

Tous répétèrent :

— A l'éternité de la République!

Il allait porter le verre à ses lèvres

— Attendez, dit madame Roland.

Elle avait sur sa poitrine une rose fraiche et qui venait de s'ouvrir pareille l'ère nouvelle dans laquelle on entrait.

Elle la prit, et comme eut fait une Athénienne dans le verre de Périclès, elle l'effeuilla dans le verre de Vergniaud.

Vergniaud sourit tristement, vida le verre et se pencha vers Barbaroux qui était à sa gauche.

— Hélas, dit-il, j'ai bien peur que cette grande âme ne se trompe, ce ne sont pas des feuilles de rose, mais des branches de cyprès qu'il faut effeuiller dans notre vin ce soir. — En buvant à une république dont les pieds trempent dans le sang de septembre, Dieu sait si nous ne buvons pas à notre mort, — mais n'importe, ajouta-t-il en lançant un regard sublime au ciel, ce vin fut-il mon sang, je le boirais à la liberté et à l'égalité.

— Vive la République! répétèrent en chœur tous les convives.

Au moment à peu près où Vergniaud portait ce toast et où les convives y répondaient par ce cri de vive la République poussé en chœur, les trompettes sonnaient en face du Temple et il se fit un grand silence.

Alors de leur chambre, dont les fenêtres étaient ouvertes, le roi et la reine purent entendre un municipal qui d'une voix ferme, puissante, sonore, proclamait l'abolition de la royauté et l'établissement de la République.

V

La légende du roi martyr.

On a pu voir avec quelle impartialité nous avons, tout en empruntant la forme du roman, mis jusqu'ici sous les yeux de nos lecteurs, ce qu'il y eut de terrible, de cruel, de bon, de beau, de grand, de sanguinaire, de bas dans les hommes et les événements qui se sont succédés.

Aujourd'hui, les hommes dont nous parlons sont morts, les événements seuls — immortalisés par l'histoire,—les événements qui ne meurent pas, sont encore debout.

Eh bien! nous pouvons évoquer de la tombe tous ces cadavres qui y sont couchés et dont si peu sont morts ayant rempli les jours de leur vie, — nous pouvons dire à Mirabeau, tribun lève-toi, — à Louis XVI, Sire, levez vous, nous pouvons dire levez-vous tous, vous qu'on appelaient Favras, Lafayette, Bailly, Fournier l'Américain, Jourdan coupe tête, Maillard, Théroigne de Méricourt, Barnave, Bouillé, Gamain, Pétion, Manuel, Danton, Robespierre, Marat, Vergniaud, Dumoulin, Marie-Antoinette, madame Campan, Barbaroux, Roland, madame Roland, roi, reine, ouvriers, tribuns, généraux, massacreurs, publicistes, levez-vous et dites : — si je ne vous ai pas présenté à ma génération, — au peuple, aux femmes surtout, c'est-à-dire aux mères de notre fils à qui je veux apprendre l'histoire. — Non point peut-être tels que vous êtes qui peut se vanter d'avoir surpris tous vos mystères, mais du moins comme je vous ai vus.

Nous pouvons dire aux événements, — debout encore aux deux côtés de la route que nous avons parcourue, — grande et lumineuse journée du 14 juillet, — sombres et menaçantes nuits des 5 et 6 octobre, — sanglant orage du Champ-de-Mars, où la poudre s'est mêlée à l'éclair et le bruit des canons au bruit de la foudre, — prophétique invasion du 20 juin, — terrible victoire du 10 août, — exécrable souvenir des 2 et 3 septembre, ai-je tenté de vous absoudre où de vous calomnier.

Et les hommes répondront, — et les événements répondront.

— Tu as cherché la vérité sans haine, sans passion, tu as cru la dire quand tu ne l'as pas dite, tu es resté fidèle à toutes les gloires du passé, insensible à tous les éblouissements du présent, confiant à toutes les promesses de l'avenir.

Sois absous, — sinon loué.

Eh bien! ce que nous avons fait, non pas juge élu, mais narrateur impartial, nous allons le faire jusqu'à la fin, et de cette fin, chaque pas nous en rapproche rapidement; nous roulons sur la pente des événements et il y a peu de point d'arrêt du 21 septembre, jour de la mort de la royauté au 21 janvier, jour de la mort du roi.

Nous avons entendu la proclamation

de la République faite sous les fenêtres de la prison royale par la forte voix du municipal Lubin, et cette proclamation nous a ramené au Temple.

Rentrons donc dans le sombre édifice, qui renferme un roi, redevenu homme, une reine restée reine, une vierge qui sera martyre, et deux pauvres enfants innocents par l'âge, sinon par la naissance.

Le roi était au temple, comment y était-il venu, avait-on voulu d'avance lui faire la honteuse prison qu'il occupait.

Non.

Pétion, d'abord, avait eu l'idée de le

transporter au centre de la France, de lui donner Chambord, de le traiter là en roi fainéant.

Supposez que tous les souverains de l'Europe imposassent silence à leurs ministres, à leurs généraux, à leurs manifestes et se contentassent de regarder ce qui se passait en France sans vouloir se mêler de la politique intérieure des Français. Cette déchéance du 10 août, cette existence parquée dans un beau palais, dans un beau climat, au milieu de ce qu'on appelle le jardin de la France, n'était pas une punition bien cruelle pour l'homme qui expiait non-seulement ses fautes, mais celles de Loui XV et de Louis XIV.

La Vendée venait de se soulever. On objecta quelque hardi coup de main par la Loire. La raison parut suffisante ; on renonça à Chambord.

L'Assemblée législative indiqua le Luxembourg.

Le Luxembourg, palais florentin de Marie de Médicis, avec sa solitude, ses jardins rivaux de ceux des Tuileries, était une résidence non moins convenable que Chambord pour un roi déchu.

On objecta les caves du palais donnant sur les Catacombes, peut-être n'était-ce qu'un prétexte de la Commune qui voulait tenir le roi sous sa main, mais c'était un prétexte plausible.

La Commune vota donc pour le Temple.

Par là elle entendait non pas la tour du temple, mais le palais du Temple, l'ancienne commanderie des chefs de l'ordre, une des maisons de plaisance du comte d'Artois.

Au moment de la translation, plus tard même, quand Pétion a amené la famille royale au palais, quand elle est installée dans le palais, quand Louis XVI fait ses dispositions d'aménagement, une dénonciation arrive à la Commune, et Manuel est expédié pour changer une dernière fois la détermination municipale et substituer le donjon au château.

Manuel arrive, examine le local destiné au logement de Louis XVI et de Marie-Antoinette, et redescend tout honteux.

Le donjon était inhabitable, occupé seulement par un espèce de portier, n'offrant qu'une place insuffisante, que des chambres étroites, que des lits immondes et infectés de vermine.

Il y a là-dedans plus de cette fatalité qui pèse sur les races qui s'éteignent, que d'infâme préméditation de la part des juges.

L'Assemblée nationale n'avait point, de son côté, marchandé sur la dépense de bouche du roi. Le roi mangeait beaucoup, ce n'est point un reproche que nous lui faisons, il est dans le tempérament des Bourbons d'être grands mangeurs ; seulement le roi mangeait mal à propos. Il mangea et de grand appétit, tandis qu'aux Tuileries on s'égorgeait, non-seulement dans son procès, ses juges lui reprochaient de repas intempestif, mais ce qui est plus grave, l'histoire, l'implacable histoire l'a enregistré dans ses archives.

L'Assemblée nationale avait donc accordée 500,000 livres pour les dépenses de bouche du roi.

Pendant les quatre mois que le roi resta au Temple, la dépense fut de 40,000 livres, dix mille francs par mois.

Trois cent trente-trois francs par jour,

en assignats, c'est vrai, mais à cette époque les assignats perdaient à peine 6 ou 8 pour cent.

Louis XVI avait au Temple trois domestiques et treize officiers de bouche.

Son dîné se composait chaque jour :

De quatre entrées ;

De deux rôtis, chacun de trois pièces ;

De quatre entremets ;

De trois compotes ;

De trois assiettes de fruit ;

D'un carafon de Bordeaux, d'un carafon de Malvoisie, d'un carafon de Madère.

Seul il buvait du vin avec le dauphin : la reine et les princesses ne buvaient que de l'eau.

De ce côté, matériellement, le roi n'était donc pas à plaindre.

Mais ce qui lui manquait essentiellement, c'étaient l'air, la promenade, le soleil et l'ombre.

Habitué aux chasses de Compiègne et de Rambouillet, aux parcs de Versailles et du grand Trianon. Louis XVI se trouvait tout-à-coup réduit, non pas à une cour, non pas à un jardin, non pas à une promenade, mais à un terrain sec, nu, avec quatre compartiments de gazons flétris, quelques arbres chétifs, rabougris, effeuillés au vent d'automne.

Là, tous les jours, à deux heures, le roi et sa famille se promenaient. Nous nous trompons, là, tous les jours, à deux heures, on promenait le Roi et sa famille.

C'était inouï, cruel, féroce, mais moins féroce, moins cruel que les caves de l'inquisition à Madrid, les plombs du conseil des Dix à Venise, les cachots du Spieltzberg.

Remarquez bien ceci : nous n'excusons pas plus la Commune que nous n'excusons les rois ; nous disons seulement, le Temple n'était qu'une représaille, représaille terrible, fatale, maladroite, car d'un jugement on faisait une persécution, d'un coupable un martyr.

Maintenant, quel était l'aspect des différents personnages que nous avons entrepris de suivre dans les phases principales de leur vie?

Le roi avec son œil myope, ses joues flasques, ses lèvres pendantes, sa démarche lourde et balancée, semblait un bon fermier frappé d'un malheur de fortune ; sa mélancolie était celle d'un agriculteur dont un orage a brûlé les granges, ou une grêle versé les blés.

L'attitude de la reine était comme toujours raide, altière, souverainement provoquante ; elle avait inspiré de l'amour au temps de sa grandeur, à l'heure de sa chute elle inspira du dévouement.

Pas de pitié, la pitié naît de la sympathie. La reine n'était aucunement sympathique.

Madame Elisabeth, avec sa robe blanche, symbole de la pureté de son corps et de son âme, avec ses cheveux blonds devenus plus beaux encore depuis qu'ils étaient forcés de flotter sans poudre ; Madame Elisabeth, avec un ruban d'azur à son bonnet et à sa taille, madame Elisabeth semblait l'ange gardien de toute la famille.

Madame Royale, malgré le charme de son âge, intéressait peu, toute Autrichienne comme sa mère, toute Marie-Thérèse et Marie-Antoinette, elle avait déjà le regard, le mépris et la fierté des races royales et des oiseaux de proie.

Le petit dauphin, avec ses cheveux d'or, son teint blanc et un peu maladif était intéressant; il avait néanmoins l'œil d'un bleu cru et dur, et parfois d'une expression bien au-dessus de son âge, il comprenait tout, suivait les indications que lui donnait sa mère par un seul regard, et il avait des roueries de politique enfantine qui parfois tiraient les larmes des yeux des bourreaux.

Il avait touché Chaumette lui-même, le pauvre enfant, Chaumette, cette fouine au museau pointu, cette belette à bésicle.

— Je lui ferai donner de l'éducation, disait-il à M. Hue, valet de chambre du roi, mais il faudra bien l'éloigner de sa famille pour qu'il perde l'idée de son rang.

Et en effet la Commune était à la fois cruelle et imprudente, cruelle en entourant la famille royale de mauvais traitements, de vexations, d'injures même.

Imprudente on la laissait voir, faible, brisée, prisonnière.

Chaque jour elle envoyait de nouveaux gardiens au Temple, sous le nom de municipaux; ils entraient ennemis acharnés du roi, ils sortaient ennemis de Marie-Antoinette, mais presque tous plaignant le roi, plaignant les enfants, glorifiait madame Elisabeth.

En effet, que voyaient-ils au Temple? en place du loup, de la louve et des louveteaux, une brave famille de bourgeois à la mère un peu fière, une espèce d'Elmire qui ne souffrait point que l'on touchât même le bas de sa robe, mais des tyrans, point la trace.

Comment se passait la journée de toute la famille au Temple? — Disons-le d'après Cléry :

Jetons d'abord les yeux sur la prison, nous les reporterons ensuite sur les prisonniers.

Le roi était enfermé dans la petite tour.

La petite tour était adossée à la grande sans communication intérieure ; elle formait un carré long flanqué de deux tourelles, dans une de ces tourelles était un petit escalier qui partait du premier étage et conduisait à une galerie sur la plate-forme.

Dans l'autre étaient des cabinets qui correspondaient à chaque étage de la tour.

Le corps de bâtiment avait quatre étages; le premier était composé d'une antichambre, d'une salle à manger et d'un cabinet pris dans la tourelle où se trouvait une bibliothèque de douze à quinze cents volumes.

Le second étage était divisé de la même manière à peu près; la pièce la plus grande servait de chambre à coucher à la reine et à M. le dauphin; la seconde, séparée de la première par une petite antichambre fort obscure, était occupée par madame Royale et madame Élisabeth.

Il fallait traverser cette chambre pour entrer dans le cabinet pris dans la tourelle, et ce cabinet qui n'était autre que celui que les Anglais appellent Walter-Closett, était commun à la famille royale, aux officiers municipaux et aux soldats.

Le roi demeurait au troisième étage, avec la même division de pièce à peu près. Il couchait dans la grande chambre. Le cabinet pris dans la tourelle lui servait de cabinet de lecture, à côté était une cuisine séparée par une pièce obscure, qu'avaient, dans les premiers jours et avant qu'ils eussent été séparés du roi, habité MM. de Charmilly et Hue, et sur laquelle, depuis le départ de M. Hue, les scellés avaient été apposés.

Le quatrième étage était fermé.

Le rez-de-chaussée était consacré à des cuisines dont on ne fit aucun usage.

Maintenant, comment la famille royale vivait-elle dans ces étroits espaces, moitié prison, moitié appartement?

Nous allons le dire :

Le roi se levait d'habitude à six heures du matin ; il se rasait lui-même. Cléry le coiffait et l'habillait. Puis, aussitôt coiffé et habillé, il passait dans le cabinet de lecture, c'est-à-dire dans la bibliothèque des archives de l'ordre Malte, qui, ainsi que nous l'avons dit, contenait quinze ou seize cents volumes.

Un jour le roi, en y cherchant des livres, montra du doigt à M. Hues les œuvres de Voltaire et de Rousseau.

Puis, à voix basse :

— Tenez, dit-il, ce sont ces deux hommes qui ont perdu la France.

En y entrant, Louis XVI se mettait à genoux et priait pendant cinq ou six minutes, puis lisait ou travaillait jusqu'à neuf heures. Pendant ce temps, Cléry faisait la chambre du roi, préparait le déjeûner et descendait chez la reine.

Là, le roi s'asseyait, s'amusait à traduire ou Virgile, ou les Odes d'Horace.

Pour continuer l'éducation du Dauphin, il s'était remis au latin lui-même.

Cette pièce était très-petite, la porte en demeurait toujours ouverte.

Le munipal restait dans la chambre à coucher, et, par la porte ouverte, voyait ce que faisait le roi.

La reine n'ouvrait sa porte qu'à l'arrivée de Cléry, afin que la porte étant fermée le municipal ne pût entrer chez elle.

Alors Cléry faisait les cheveux du jeune prince, arrangeait la toilette de la reine et passait dans la chambre de Madame Royale et de Madame Elisabeth pour leur rendre le même service.

Ce moment de la toilette, rapide et précieux à la fois, était celui où Cléry pouvait instruire la reine et les princesses de ce qu'il avait appris; un signe qu'il faisait indiquait qu'il avait quelque chose à dire; la reine ou une des princesses causait alors avec le municipal, et Cléry profitait de sa distraction pour dire rapidement ce qu'il,'avait à dire.

A neuf heures, la reine, les deux enfants et madame Élisabeth montaient chez le roi où le déjeuner était servi ; pendant le dessert, Cléry faisait les chambres de la reine et des princesses. Un homme et une femme nommés Tison, placés là sous prétexte d'aider Cléry dans son service, mais en réalité pour servir d'espion à la famille royale et même aux municipaux, faisaient semblant d'aider le valet de chambre du dauphin.

L'un, le mari, ancien commis aux barrières était un vieillard dur et méchant, incapable d'aucun sentiment d'humanité.

La femme, femme par l'amour qu'elle avait pour sa fille, poussait cet amour à ce point que, séparée de sa fille, elle dénonça la reine dans l'espérance de revoir son enfant (1).

A dix heures du matin, le roi descendait dans la chambre de la reine et y passait la journée ; là il s'occupait presque exclusivement de l'éducation du dauphin, lui faisait répéter quelques passages de Corneille ou de Racine, lui donnait une leçon de géographie et exerçait à lever et à laver des plans.

La France, depuis trois ans, était divisée en départements, et c'était particu-

(1) Voir le *Chevalier de Maison-Rouge*, qui fait suite à la *Comtesse de Charny*.

lièrement cette géographie du royaume que le roi montrait à son fils.

La reine, de son côté, s'occupait de l'éducation de Madame Royale qu'elle interrompait quelquefois pour tomber dans de sombres et profondes rêveries; alors Madame Royale, pour la laisser tout entière à cette douleur inconnue qui avait au moins le bénéfice des pleurs, Madame Royale s'éloignait sur la pointe du pied en faisant signe à son frère de garder le silence. La rêverie de la reine durait plus ou moins longtemps, une larme paraissait au coin de sa paupière, roulait le long de sa joue, tombait sur sa main jaunie et qui avait pris le ton de l'ivoire, et alors presque toujours la pauvre prisonnière libre un instant dans le domaine immense de la pensée, dans le champ illimité de souvenirs, la pauvre prisonnière s'élançait brusquement hors de son rêve et regardant autour d'elle, rentrait la tête basse et le cœur brisé dans sa prison.

A midi, les trois princesses entraient chez madame Élisabeth pour quitter leur robe du matin. Ce moment, la pudeur de la Commune l'avait réservé à la solitude; aucun municipal ne suivait les prisonniers.

A une heure, lorsque le temps était beau, on faisait descendre la famille royale dans le jardin.

Quatre officiers municipaux et un chef de légion de la garde nationale l'accompagnait. Comme il y avait dans le Temple quantité d'ouvriers employés aux démolitions des maisons et aux constructions des nouveaux murs, les prisonniers ne pouvaient user que d'une partie de l'allée des maronniers.

Cléry était de ces promenades; il y donnait un peu d'exercice au jeune prince en le faisant jouer soit au ballon, soit aux petits palets.

A deux heures, on remontait dans la tour, Cléry servait le dîner, et tous les jours, à cette heure, Santerre venait au Temple accompagné de deux aides-de-camp; il visitait alors scrupuleusement les deux appartements du roi et de la reine.

Quelquefois le roi lui adressait la parole.

La reine jamais.

Elle avait oublié le 20 juin et ce qu'elle devait à cet homme.

Après le repas, on redescendait au premier étage; le roi faisait une partie de piquet ou de tric-trac avec la reine ou sa sœur.

Cléry dînait à son tour.

A quatre heures, le roi s'accomodait pour faire la sieste sur une causeuse, ou dans quelque grand fauteuil. Alors le plus profond silence s'établissait, les princesses prenaient ou un livre ou leur ouvrage, et chacun restait immobile, même le petit dauphin.

Louis XVI, presque sans transition, passait de la veille au sommeil.

Les besoins physiques étaient, nous l'avons dit, tyranniques chez le roi.

Le roi dormait régulièrement ainsi une heure et demie ou deux heures.

A son réveil on reprenait la conversation, on appelait Cléry, qui n'était jamais bien loin, et Cléry donnait au petit dauphin sa leçon d'écriture. Cette leçon prise, il conduisait le jeune prince dans la chambre de madame Élisabeth, et le faisait jouer à la balle ou au volant.

Le soir venu, toute la famille royale se plaçait près d'une table; la reine faisait à haute voix une lecture propre à amuser ou à instruire les enfants. Madame Élisabeth relayait la reine quand celle-ci était fatiguée. La lecture durait jusqu'à huit heures; à huit heures le jeune prince soupait dans la chambre de madame Élisabeth; la famille royale assistait à ce souper, pendant que le roi prenait une collection du *Mercure de France* qu'il avait trouvée dans la bibliothèque et s'amusait à faire deviner des énigmes et des charades à ses enfants.

Après le souper du dauphin la reine faisait dire à son fils cette prière :

« Dieu tout-puissant qui m'avez créé et racheté, je vous adore ; conservez les jours du roi, mon père, et ceux de ma famille ; protégez-nous contre nos ennemis ; donnez à madame de Tourzel les forces dont elle a besoin pour supporter ce qu'elle endure à cause de nous. »

Après le souper, Cléry deshabillait et couchait le dauphin ; une des deux princesses restait près de lui jusqu'à ce qu'il fût endormi ; c'était en ce moment que Cléry, s'il avait quelques nouvelles à apprendre à la famille royale lui disait ce qu'il savait. Aucun journal ne pénétrait au Temple, mais tous les soirs, à la même heure, un colporteur de journaux passait en criant les nouvelles ; Cléry se mettait à l'affût et transmettait au roi les paroles du crieur.

A neuf heures le roi soupait.

Cléry apportait sur un plateau le souper de la princesse qui veillait le petit dauphin.

Après le souper, le roi rentrait dans la chambre de la reine, lui donnait, ainsi qu'à sa sœur, la main en signe d'adieu, embrassait les enfants, rentrait dans sa chambre, se retirait dans la bibliothèque et y lisait jusqu'à minuit.

De leur côté, les princesses se renfermaient chez elles ; un des municipaux restait dans la petite pièce qui séparait leurs deux chambres, l'autre suivait le roi.

Cléry plaçait alors son lit près de celui du roi, mais pour se coucher le roi attendait que le nouveau municipal fût monté afin de savoir qui il était et s'il l'avait déjà vu.

Les municipaux étaient relevés à onze

heures du matin, à cinq heures du soir et à minuit.

Ce genre de vie, sans changement aucun, dura tant que le roi resta dans la petite cour, c'est-à-dire jusqu'au 30 septembre.

On le voit, la situation était triste, et d'autant plus digne de pitié qu'elle était supportée dignement.

Aussi les plus hostiles s'adoucissaient-ils à cette vue.

Ils venaient pour veiller sur un abominable tyran qui avait ruiné la France, massacré les Français, appelé l'étranger.

Sur une reine, qui avait réuni les lubricités de Messaline, aux débordements de Catherine II.

Ils trouvaient un bonhomme vêtu de gris, qu'ils confondaient avec son valet de chambre, qui mangeait bien, buvait bien, dormait bien, jouait au trictrac et au piquet, montrait le latin et la géographie à son fils, et faisait deviner des charades à sa femme et à sa sœur.

Une femme, fière et dédaigneuse sans doute, mais digne, calme, résignée, encore belle, apprenant à sa fille à faire de la tapisserie, à son fils à dire des prières, parlant doucement aux domestiques et appelant un valet de chambre, *mon ami*.

Les premiers moments étaient à la haine : chacun de ces hommes venus avec des sentiments d'animosité et de vengeance, commençait par donner cours à ces sentiments, puis peu à peu, il s'appitoyait.

Parti le matin de chez lui, menaçant et la tête haute, il rentrait le soir attristé, la tête basse.

Sa femme l'attendait, curieuse.

— Ah ! c'est toi, s'écriait-elle.

— Oui, répondait-il laconiquement

— Eh bien ! as-tu vu le tyran ?

— Je l'ai vu.

— A-t-il l'air bien féroce ?

— Il ressemble à un rentier du Marais.

— Que fait-il ? Il enrage, il maudit la République, il...

— Il passe le temps à étudier avec ses enfants, à leur apprendre le latin, à jouer au piquet avec sa sœur, à deviner des charades, pour amuser sa femme.

— Il n'a donc pas de remords, le malheureux ?

— Je l'ai vu manger, et il mange comme uu homme qui a la conscience tranquille ; — je l'ai vu dormir, et je te réponds qu'il n'a pas le cauchemar.

Alors la femme devenait pensive à son tour.

— Mais alors, disait-elle, il n'est donc pas si cruel et si coupable qu'on le dit?

— Coupable, je ne sais pas; cruel, je répondrais bien que non; malheureux, à coup sûr.

— Pauvre homme, disait la femme.

Voilà ce qui arrivait, plus la Commune abaissait son prisonnier, plus elle montrait que ce n'était à tout prendre qu'un homme comme un autre, plus les autres hommes avaient pitié de celui qu'ils reconnaissaient pour leur semblable.

Cette pitié se manifestait parfois directement au roi lui-même, au dauphin, à Cléry.

Un jour, un tailleur de pierres était occupé à faire des trous à la muraille de l'antichambre pour y placer d'énormes verrous. Pendant que l'ouvrier déjeunait, le dauphin s'amusait à jouer avec ses outils.

Alors le roi prit des mains de l'enfant le marteau et le ciseau, lui montrant, lui, serrurier habile, de quelle façon il fallait s'y prendre.

Le maçon, du coin où il était assis, et où il mangeait son morceau de pain et de fromage, regardait avec étonnement ce qui se passait.

Il ne s'était pas levé devant le roi et devant le prince.

Il se leva devant l'homme et devant l'enfant.

Puis s'approchant, la bouche encore pleine, mais le chapeau à la main :

— Eh bien! lui dit-il, quand vous sortirez de cette tour, vous pourrez vous vanter d'avoir travaillé à votre propre prison.

— Ah! répondit le roi, quand et comment en sortirai-je?

Le dauphin se mit à pleurer, l'ouvrier essuya une larme. Le roi laissa tomber marteau et ciseau, et rentra dans sa chambre, où il se promena longtemps à grands pas.

Un autre jour, un factionnaire montait comme d'habitude la garde à la porte de la reine.

C'était un faubourien, vêtu grossièrement, mais cependant avec propreté.

Cléry était seul dans la chambre, occupé à lire.

Le factionnaire le regardait avec une profonde attention.

Au bout d'un instant, Cléry, sentant que son service l'appelait ailleurs, se lève et veut sortir.

Mais, tout en lui présentant les armes, d'une voix basse, timide, presque tremblante :

— On ne passe pas, dit-il.

— Pourquoi cela ? demande Cléry.

— Parce que la consigne m'ordonne d'avoir les yeux sur vous.

— Sur moi, dit Cléry, à coup sûr vous vous trompez.

— N'êtes-vous pas le roi ?

— Vous ne connaissez donc pas le roi?

— Jamais je ne l'ai vu, Monsieur, et s'il faut le dire, pour le voir, j'aimerais mieux le voir ailleurs qu'ici.

— Parlez bas, dit Cléry.

Puis désignant une porte :

— Je vais entrer dans cette chambre, et vous verrez le roi. Il est assis près d'une porte, et lit.

Cléry entra et dit au roi ce qui venait de se passer.

Alors le roi se leva, et se promena

d'une chambre à l'autre, afin que le brave homme le vît tout à son aise.

Aussi, ne doutant point que ce fut pour lui que le roi se dérangeait ainsi :

— Ah ! Monsieur, dit-il à Cléry, que le roi est bon ; quant à moi, je ne puis croire qu'il nous ait fait tout le mal que l'on dit.

Un autre factionnaire, placé au bout de cette allée qui lui servait de promenade, fit un jour comprendre à la famille royale, qu'il avait quelques renseignements à lui donner.

Au premier tour de promenade, personne n'eut l'air de faire attention à ses signes.

Mais du second tour, madame Elisabeth s'approcha de lui pour voir s'il lui parlerait.

Mais, soit crainte, soit respect, ce jeune homme qui était d'une figure distinguée, resta muet.

Seulement, deux larmes roulèrent dans ses yeux, et du doigt, il indiqua un tas de décombres, ou probablement une lettre était cachée.

Cléry, sous prétexte de chercher au milieu des pierres des palets pour le petit prince, se mit à fouiller dans les décombres; mais les municipaux devinèrent sans doute ce qu'il y cherchait, lui ordonnèrent de se retirer, et lui défendirent, sous peine d'être séparé du roi, de jamais parler aux sentinelles.

VI

La légende du roi martyr.

(*Suite.*)

Mais tous n'étaient point ainsi. Chez beaucoup, la haine et la vengeance étaient si profondément enracinées au cœur, que ce spectacle d'un malheur royal supporté avec des vertus bourgeoises, ne pouvait les en déraciner.

Ainsi, tout à l'encontre des exemples de tristesse et d'attendrissement que nous avons racontés parfois le roi et la reine avaient à supporter des grossièretés, des injures, des insultes mêmes.

Un jour le municipal de service près du roi était un nommé James, professeur de langue anglaise, cet homme s'était attaché au roi comme son ombre et ne le quittait pas.

Le roi entra dans son cabinet de lecture, le municipal y entra derrière lui et s'assit près de lui.

— Monsieur, lui dit alors le roi, avec sa douceur habituelle, vos collègues ont l'habitude de me laisser seul, attendu que la porte, restant toujours ouverte, je ne puis échapper à leurs regards.

— Mes collègues, répondit James, font comme ils l'entendent, et moi comme je veux.

— Je vous ferai observer, Monsieur, reprit le roi, que la chambre est si petite qu'il est impossible d'y rester deux.

— Alors passez dans une plus grande, répondit brutalement le municipal.

Le roi se leva sans rien dire et entra dans sa chambre à coucher, où le maître d'anglais le suivit, et continua de l'observer, jusqu'au moment où il fut relevé.

Un matin, le roi prit le municipal qui était de garde pour celui qu'il avait reçu la veille, — nous avons dit, qu'on avait l'habitude, à minuit, de changer les municipaux.

Il alla à lui et d'un air d'intérêt :

— Ah! Monsieur, lui dit-il, je regrette bien qu'on ait oublié de vous relever.

— Que voulez-vous dire? demanda brutalement le municipal.

— Je veux dire que vous devez être fatigué.

— Monsieur, lui répondit cet homme, qui s'appelait Meunier, je viens ici pour surveiller ce que vous faites, et non pour que vous vous occupiez de ce que je fais.

Puis, enfonçant son chapeau sur sa tête, et s'approchant du roi :

— Personne, et vous moins qu'un autre, ajouta-t-il, n'a le droit de s'en mêler.

Une fois, à son tour, la reine se hasarda d'adresser la parole à un municipal :

— Quel quartier habitez-vous, Monsieur ? demanda-t-elle un jour à un de ses hommes qui assistait à son dîner.

— La patrie, répondit fièrement celui-ci.

— Mais il me semble, répondit la reine, que la patrie est la France ?

— Oui, répondit le municipal ; moins la partie où est l'ennemi que vous y avez appelé.

Quelques-uns des commissaires ne parlaient jamais du roi, de la reine, des princesses ou du jeune prince, sans ajouter quelque parole obscène ou quelque juron grossier. Un jour, un municipal, nommé Turlot, dit à Cléry, assez haut pour que le roi ne perde pas un mot de la menace :

— Si le bourreau ne guillotinait pas

cette sacrée famille, je la guillotinerai moi-même.

En sortant pour la promenade, le roi et la famille devaient passer devant un grand nombre de sentinelles, dont plusieurs mêmes étaient placées dans l'intérieur de la petite tour.

Quand les chefs des légions et les municipaux passaient, les factionnaires leur présentaient les armes.

Mais quand le roi passait à son tour, ils posaient l'arme au pied ou tournaient le dos.

Il en était de même des gardes du service extérieur placés au bas de la tour, quand le roi passait, ils affectaient de se couvrir et de s'asseoir, mais à peine les prisonniers étaient-ils passés, qu'ils se levaient et se découvraient.

Les insulteurs allaient plus loin.

Un jour, le factionnaire, non content de porter les armes aux municipaux et aux officiers, et de ne les point porter au roi, écrivit sur le côté intérieur de la porte de la prison :

« La guillotine est permanente et attend le tyran Louis XVI. »

C'était une invention nouvelle et qui eut grand succès.

Aussi le factionnaire eut-il des imitateurs.

Bientôt tous les murs du Temple et particulièrement celui de l'escalier que montait et descendait la famille royale, furent couverts d'inscriptions dans le genre de celle-ci :

— Madame Veto la dansera.

— Nous saurons mettre le gros cochon au régime.

— A bas le cordon rouge ! il faut étrangler les petits louvetaux !

Puis on passa aux dessins.

D'autres inscriptions, comme une légende au-dessous d'une gravure, expliquait ces dessins menaçants.

Un de ces dessins représentait un homme à une potence.

Au-dessous étaient écrits ces mots :

— Louis prenant un bain d'air.

Mais les tourmenteurs les plus acharnés étaient deux commensaux du Temple.

L'un était le cordonnier Simon, l'autre le sapeur Rocher.

Simon cumulait, il était non-seulement cordonnier, mais municipal ; non-seulement municipal, mais un des six commissaires chargés d'inspecter les travaux et les dépendances du Temple.

A ce triple titre, il ne quittait point la tour.

Cet homme, que ses cruautés exercés sur l'Enfant royal, ont rendu célèbre, était l'insulte personnifiée, chaque fois qu'il paraissait devant les prisonniers, c'était pour leur faire un outrage.

Si le valet de chambre réclamait quelque chose au nom du roi :

— Voyons, disait-il, que Capet demande d'un seul coup tout ce dont il a besoin. Je n'ai pas envie de prendre pour lui la peine de remonter une seconde fois.

Rocher lui faisait pendant, ce n'était

pas un méchant homme : au 10 août, il avait à la porte de l'Assemblée nationale, pris le jeune Dauphin dans ses bras et l'avait emporté sur le bureau du président.

Rocher, de sellier qu'il était, passa officier dans l'armée de Santerre, puis portier de la tour. Il portait d'habitude un costume de sapeur, avec une barbe et de longues moustaches, un bonnet à poil noir sur la tête, un large sabre au côté, et une ceinture autour de la taille avec un trousseau de clefs.

Il était là, placé par Manuel, plutôt pour veiller sur le roi et sur la reine, plutôt pour empêcher qu'on ne leur fit du mal, que pour leur faire du mal lui-même. Il ressemblait à un enfant à qui on donne à garder une cage avec des oiseaux, en lui recommandant de veiller à ce que d'autres ne les tourmentent, et qui, pour se distraire, leur arrachent les plumes.

Lorsque le roi demandait à sortir, c'était Rocher qui se présentait à la porte, mais il n'ouvrait que quand le roi avait bien attendu, remuant, tandis que le roi attendait un gros trousseau de clefs, puis tirant les verrous avec fracas, puis les verrous tirés, la porte ouverte, descendant précipitamment et se plaçant près du dernier guichet une pipe à la bouche. Puis à chaque personne de la famille royale qui sortait, et particulièrement aux femmes, lui soufflant une bouffée de tabac dans le nez.

Ces misérables lachetées avaient pour témoins, les gardes nationaux que, au lieu de s'opposer à ces vexations, souvent prenaient des chaises, et s'asseyaient comme des spectateurs devant un spectacle.

Cela encourageait Rocher, qui allait disant partout:

— Marie-Antoinette faisait la fière, mais je l'ai bien forcée de s'humilier, Elizabeth et la petite me font malgré elle la révérence, le guichet est si bas qu'il faut bien qu'elles se baissent devant moi.

Puis il ajoutait :

— Chaque jour je vous leur flanque au nez à l'une ou à l'autre, une bouffée de ma pipe. — La sœur ne demandait-elle pas l'autre jour à nos commissaires :

— Pourquoi donc Rocher fume-t-il toujours?

— Apparemment que cela lui plaît, ont-ils répondu.

Il y a dans toutes les grandes expiations, entre le supplice infligé aux pa tients et la mort, l'homme qui fait boire la lie et le fiel.

Pour Louis XVI, il s'appelle Rocher ou Simon ; — pour Napoléon, il s'appelle Hudson-Lowe.

Mais aussi quand le condamné a subi sa peine, quand le patient en a fini avec la vie, ce sont ces hommes-là qui poétisent son supplice, qui sanctifient sa mort.

Sainte-Hélène serait-elle Sainte-Hélène sans le geôlier à l'habit rouge ?

Le Temple serait-il le Temple, sans son sapeur et son cordonnier ?

Voilà les véritables personnages de la légende, aussi appartiennent-ils de droit aux longs et sombres récits populaires.

Mais si malheureux que fussent les prisonniers, il leur restait une même consolation.

Ils étaient réunis.

La Commune résolut de séparer le roi de sa famille.

Le 26 septembre, cinq jours après la proclamation de la République, Cléry apprit par un municipal que l'appartement que l'on destinait au roi, dans la grande cour, serait bientôt prêt.

Cléry, avec beaucoup de douleur, transmit cette nouvelle à son maître.

Mais celui-ci avec son courage ordinaire :

— Tâche, dit-il, de savoir d'avance le jour de cette pénible séparation, et de m'en instruire.

Mais Cléry ne sut rien et ne put rien dire de plus au roi.

Le 29, à dix heures du matin, six municipaux entrèrent dans la chambre de la reine au moment où toute la famille y était réunie, ils venaient, porteur d'un arrêté de la Commune, enlever aux prisonniers, papier, encre, plumes, crayons.

La visite fut faite non-seulement dans les chambres, mais sur les personnes mêmes des prisonniers.

— Quand vous aurez besoin de quelque chose, dit celui qui portait la parole et que l'on appelait Charbonnier, votre valet de chambre descendra et écrira vos demandes sur un registre qui restera dans la chambre du conseil.

Le roi ni la reine ne firent aucune observation, ils se fouillèrent et donnèrent tout ce qu'ils avaient sur eux.

Les princesses et les domestiques suivirent cet exemple.

Ce fut alors seulement que Cléry, par quelques paroles surprises à un municipal, sut que le roi serait, le soir même, transféré dans la grande tour.

Il le dit à madame Elisabeth, qui le dit au roi.

Il ne se passa rien de nouveau jusqu'au soir. A chaque bruit, à chaque porte ouverte, les cœurs des prisonniers bondissaient, et leurs mains étendues se joignaient dans une anxieuse étreinte.

Le roi resta plus tard que de coutume

dans la chambre de la reine, mais cependant il fallut se quitter.

Enfin la porte s'ouvrit, les six municipaux qui étaient venus le matin rentrèrent avec un nouvel arrêté de la Commune dont ils firent lecture au roi.

C'était l'ordre officiel de sa translation dans la grande tour.

Cette fois l'impassibilité du roi lui fit défaut.

Où devait le mener ce nouveau pas? dans la voie terrible et sombre.

Aussi les adieux furent-ils longs et douloureux.

C'était le mystérieux et l'inconnu que l'on abordait.

Aussi l'abordait-on avec des frissonnements et des larmes.

Force fut enfin au roi de suivre les municipaux. Jamais la porte en se refermant derrière lui n'avait paru rendre un son si funèbre.

On s'était tant pressé d'imposer aux prisonniers cette nouvelle douleur, que l'appartement où l'on conduisait le roi, n'était pas fini.

Il n'y avait encore qu'un lit et deux chaises.

La peinture et le collage frais donnaient à l'appartement une odeur insupportable.

Le roi se coucha sans se plaindre.

Cléry passa la nuit sur une chaise près de lui.

Cléry leva et habilla le roi selon sa coutume ; puis il voulut se rendre dans la petite tour pour habiller le Dauphin.

On s'y opposa et l'un des municipaux, nommé Véron, lui dit :

— Vous n'aurez plus de communication avec les autres prisonniers. Le roi ne verra plus ses enfants.

Cléry, pour cette fois, n'eut pas le courage de transmettre la fatale nouvelle à son maître.

A neuf heures, le roi, qui ignorait la rigueur de la décision, demanda à être conduit à sa famille.

— Nous n'avons point d'ordre à cet endroit, dirent les commissaires.

Le roi insista, mais ils ne répondirent point et se retirèrent.

Le roi resta seul avec Cléry. Le roi, assis, Cléry, appuyé contre la muraille, tous deux étaient accablés.

Une demi-heure après, deux municipaux entrèrent.

Un garçon de café les suivait, apportant au roi un morceau de pain et une limonade.

— Messieurs, demanda le roi, ne pourrais-je donc pas dîner avec ma famille ?

— Nous prendrons les ordres de la Commune, répondit un d'eux.

— Mais, si je ne puis descendre, mon valet de chambre peut descendre, lui ? Il a soin de mon fils, et rien n'empêche, j'espère, qu'il continue à le servir.

Le roi demandait la chose si simplement et avec si peu d'animosité, que ces hommes étonnés ne savaient que répondre. Ce ton, ces manières, cette douleur résignée, étaient si loin de ce qu'ils attendaient, qu'il y avait en eux comme un éblouissement.

Ils se contentèrent de répondre que cela ne dépendait pas d'eux et se retirèrent. Cléry était resté immobile, appuyé contre la muraille, regardant son maître avec une profonde angoisse.

Il vit le roi prendre le pain qu'on venait de lui apporter et le briser en deux. Puis lui en apportant la moitié.

— Mon pauvre Cléry, dit-il, il paraît qu'ils ont oublié votre déjeuner; prenez la moitié de mon pain. J'aurai, moi, assez de l'autre.

Cléry refusa, mais le roi insistant, il prit le pain. Seulement, en le prenant, il ne put s'empêcher d'éclater en sanglots.

Le roi lui-même pleura.

A dix heures, les municipaux amenèrent les ouvriers qui travaillaient à l'appartement.

Alors un des municipaux s'approchant du roi avec une certaine pitié :

— Monsieur, lui dit-il, je viens d'assister au déjeuner de votre famille, et je suis chargé de vous dire que tout le monde est en bonne santé.

Le roi sentit son cœur se desserrer : la pitié de cet homme lui faisait du bien.

— Je vous remercie, répondit-il, et vous prie de donner en échange des nouvelles à ma famille, et de lui dire que, moi aussi, je me porte bien. Maintenant, Monsieur, ne pourrais-je pas avoir quelques livres que j'ai laissés dans la chambre de la reine. En ce cas, vous me feriez plaisir de me les envoyer.

Le municipal ne demandait pas mieux, mais il était très-embarrassé, ne sachant pas lire.

Enfin il avoua son embarras à Cléry,

le priant de l'accompagner pour reconnaître lui-même les livres que le roi désirait.

Cléry était trop heureux. C'était pour lui un moyen de porter à la reine des nouvelles de son mari.

Louis XVI lui fit un signe des yeux.

Ce signe contenait tout un monde de recommandations.

Cléry trouva la reine dans sa chambre avec madame Élisabeth et ses enfants.

Les femmes pleuraient.

Le petit dauphin avait commencé par

pleurer aussi ; mais les larmes tarissent vite aux yeux des enfants.

En voyant entrer Cléry, la reine, madame Élisabeth et Madame Royale se levèrent, l'interrogeant, non pas de la voix, mais du geste.

Le petit dauphin courut à lui en disant :

— C'est mon bon Cléry.

Malheureusement Cléry ne pouvait rien dire que quelques paroles réservées. Les municipaux qui l'avaient accompagné étaient avec lui dans la chambre.

Mais la reine n'y put tenir, et s'adressant directement à eux :

— Oh ! messieurs, dit-elle, par grâce, que nous puissions demeurer avec le roi, ne fût-ce que quelques instants dans la journée et à l'heure des repas.

Les autres femmes ne parlaient point, mais joignaient les mains.

— Messieurs, disait le dauphin, laissez, je vous en prie, revenir mon père avec nous, et je prierai le bon Dieu pour vous.

Les municipaux se regardaient sans répondre. Ce silence tirait des sanglots et des cris de douleurs de la poitrine des femmes.

— Oh! ma foi. tant pis, dit celui qui avait parlé au roi. Ils dineront encore aujourd'hui ensemble.

— Mais, demain, dit la reine.

— Madame, répondit le municipal, notre conduite est subordonnée aux arrêtés de la Commune. Demain, nous ferons ce que la Commune ordonnera. Est-ce votre avis, citoyens, demanda le municipal à ses collègues?

— Ceux-ci firent de la tête un signe d'adhésion.

La reine et les princesses, qui attendaient ce signe avec anxiété, poussèrent un cri de joie. Marie-Antoinette prit ses deux enfants entre ses bras, les serrant contre son cœur. Madame Élisabeth, les mains au ciel, remerciait Dieu. Cette joie si inattendue qu'elle leur arrachait des cris et des sanglots, avait presque l'aspect d'une douleur.

Un municipal ne put retenir ses larmes.

Simon, qui était présent, s'écria :

— Je crois que ces bougresses de femmes vont me faire pleurer.

Puis s'adressant à la reine :

— Vous ne pleuriez pas ainsi, dit-il, quand vous assassiniez le peuple au 10 août.

— Ah ! Monsieur, dit la reine, le peuple est bien trompé sur nos sentiments. S'il nous connaissait mieux, il ferait comme Monsieur, il pleurerait sur nous.

Cléry prit les livres demandés par le roi et remonta. Il avait hâte d'annoncer à son maître la bonne nouvelle ; mais les municipaux avaient presque aussi grande hâte que lui. C'est si bon d'être bon.

On servit le dîner chez le roi. Toute la

famille y fut amenée. On eût dit un dîner de fête. On croyait avoir tout gagné en gagnant un jour.

On avait tout gagné, en effet, car on n'entendit plus parler de l'arrêté de la Commune, et le roi continua, comme par le passé, de voir sa famille dans la journée et de prendre ses repas avec elle.

VII

Où maître Gamain reparaît

Le matin même du jour où ces choses se passaient au Temple, un homme vêtu d'une carmagnole et d'un bonnet rouge, appuyé sur une béquille qui l'aidait à soutenir sa marche, se présenta au ministre de l'intérieur.

Roland était fort accessible ; mais, si accessible qu'il fût, il était cependant forcé d'avoir, comme s'il était ministre d'une monarchie, au lieu d'être ministre d'une république ; il était cependant forcé, disons-nous, d'avoir des huissiers dans son antichambre.

L'homme à la béquille, à la carmagnole et au bonnet rouge, fut donc obligé de s'arrêter à l'antichambre devant l'huissier, qui lui barrait le passage, en lui disant :

— Que désirez-vous, citoyen ?

— Je désire parler au citoyen ministre, répondit l'homme à la carmagnole.

Il y avait quinze jours que le titre de citoyen et de citoyenne étaient substitués à la qualification de monsieur et de madame.

Les huissiers sont toujours des huissiers, c'est-à-dire des personnages fort impertinents ; nous parlons des huissiers des ministères. Si nous parlions des huissiers à verge, au lieu de parler des huissiers à chaîne, nous en dirions bien autre chose.

L'huissier répondit d'un ton protecteur :

— Mon ami, apprenez une chose, c'est qu'on ne parle point comme cela au citoyen ministre.

— Eh! comment donc parle-t-on au citoyen ministre? citoyen huissier, demanda le citoyen au bonnet rouge.

— On lui parle quand on a une lettre d'audience.

— Je croyais que cela se passait, comme vous dites, à l'époque du tyran; mais, sous la République, dans un temps où tous les hommes sont égaux, cela me paraît un peu bien aristocrate.

Cette réflexion fit réfléchir l'huissier.

— C'est que, continua l'homme au bonnet rouge, à la carmagnole et à la béquille; c'est que ce n'est pas amusant, voyez-vous, de venir de Versailles pour rendre service à un ministre et de ne pas être reçu par lui.

— Vous venez pour rendre service au citoyen Roland?

— Un peu.

— Et quel genre de service venez-vous lui rendre?

— Je viens lui dénoncer une conspiration.

— Bon! nous en avons par-dessus la tête, des conspirations.

— Ah!

— Vous venez de Versailles pour cela?

— Oui.

— Eh bien! vous pensez y retourner à Versailles?

— C'est bon! j'y retournerai. Mais votre ministre se repentira de ne pas m'avoir reçu.

— Dame! c'est la consigne. Écrivez-lui, et revenez avec une lettre d'audience, alors ça ira tout seul.

— C'est votre dernier mot?

— C'est mon dernier mot.

— Il paraît que c'est plus difficile d'entrer chez le citoyen Roland que cela ne l'était d'entrer chez Sa Majesté Louis XVI.

— Que dites-vous?

— Je dis ce que je dis.

— Voyons, que dites-vous?

— Je dis qu'il y avait un temps où j'entrais aux Tuileries comme je voulais.

— Vous?

— Oui, et je n'avais qu'à dire mon nom pour cela.

— Comment donc vous appelez-vous? le roi Frédéric-Guillaume, ou l'empereur François.

— Non. Je ne suis pas un tyran, moi,

un marchand d'esclaves, un aristocrate.
Je suis tout simplement Nicolas-Claude
Gamain, maître sur maître, maître sur
tous.

— Maître en quoi ?

— En serrurerie, donc. Vous ne connaissez pas Nicolas-Claude Gamain, l'ancien maître serrurier de M. Capet?

— Ah! comment, citoyen, c'est vous qui êtes ?...

— Nicolas-Claude Gamain.

— Serrurier de l'ex-roi Louis?

— C'est-à-dire son maître de serrurerie, entendez-vous, citoyen.

— C'est cela que je veux dire.

— En chair et en os, c'est moi.

L'huissier regarda ses camarades comme pour les interroger. Ceux-ci répondirent par un signe affirmatif.

— Alors, dit l'huissier, c'est autre chose.

— Qu'est-ce que vous entendez par : C'est autre chose.

— J'entends que vous allez écrire votre nom sur un morceau de papier, et que je vais faire passer ce nom au citoyen ministre.

—Écrire ! ah ! bien oui, écrire. Ça n'était déjà pas mon fort avant qu'ils ne m'aient empoisonné, ces brigands-là. Mais maintenant c'est encore pis. Voyez comme l'arsenic m'a arrangé.

Et Gamain montra ses jambes tordues, sa colonne vertébrale déviée, et sa main crispée et crochue comme une griffe.

— Comment ! ce sont eux qui vous ont arrangé ainsi, mon pauvre homme.

— Eux-même ! et c'est cela que je viens dénoncer au citoyen ministre, et bien autre chose encore. Comme on dit qu'on va lui faire son procès, à ce brigand de Capet, ce que j'ai à dire, ne sera peut-être pas perdu pour la nation dans les circonstances où l'on se trouve.

— Eh bien ! asseyez-vous là, et attendez, citoyen, je vais faire passer votre nom au citoyen ministre.

Et l'huissier écrivit sur un morceau de papier :

— Claude-Nicolas Gamain, ancien maître serrurier du roi, demande, du citoyen ministre, une audience immédiate pour une révélation importante.

Puis il remit le papier à l'un de ses camarades, dont la position spéciale était d'annoncer.

Cinq minutes après, le camarade revint en disant :

— Suivez-moi, citoyen.

Gamain fit un effort qui lui arracha un cri de douleur, se leva et suivit l'huissier.

L'huissier conduisit Gamain non pas dans le cabinet officiel du ministre, le citoyen Roland, mais dans le cabinet du ministre réel, la citoyenne Roland.

C'était une petite chambre très-simple, tendue d'un papier vert, éclairée d'une seule fenêtre, dans l'embrâsure de laquelle, assise à une petite table, travaillait madame Roland.

Roland était debout devant la cheminée.

L'huissier annonça le citoyen Nicolas-Claude Gamain.

Et le citoyen Nicolas-Claude Gamain parut sur la porte.

Le maître serrurier n'avait jamais été, même au temps de sa meilleure santé et de sa plus haute fortune, d'un physique bien avantageux. Mais la maladie à laquelle il était en proie, et qui n'était autre qu'un rhumatisme articulaire, tout en tordant ses membres et en défigurant son visage, n'avait rien ajouté, on le comprend bien, aux agréments de sa physionomie.

Il en résultait que jamais honnête homme, et, il faut le dire, nul mieux que le ministre Roland ne méritait le titre d'honnête homme, il en résultait, disons-nous, que jamais honnête homme au visage calme et serein, ne se trouva en face d'un coquin à plus bas et à plus immonde visage.

Le premier sentiment qu'éprouva le ministre fut donc celui d'une profonde répugnance.

Il regarda le citoyen Gamain des pieds à la tête, et voyant qu'il tremblait sur sa béquille, un sentiment de pitié pour la souffrance d'un de ses semblables, en supposant toutefois que le citoyen Gamain fut le semblable du citoyen Roland; un sentiment de pitié fit que le premier mot qu'adressa le ministre au serrurier fut :

— Asseyez-vous, citoyen, vous paraissez souffrant.

— Je crois bien que je suis souffrant! dit Gamain en s'asseyant. C'est depuis que l'Autrichienne m'a empoisonné.

A ces mots, un sentiment de profond dégoût passa sur le visage du ministre, et il échangea un regard d'une indéfinissable expression avec sa femme, à peu près cachée dans l'embrâsure de la fenêtre.

— Et c'est pour me déuoncer cet empoisonnement, dit Roland, que vous êtes venu?

— Pour vous dénoncer ça et autre chose.

— Apportez-vous avec vous la preuve de vos dénonciations?

— Ah! quant à cela, vous n'avez qu'à venir avec moi aux Tuileries, et on vous la montrera, l'armoire.

— Quelle armoire?

— L'armoire où ce brigand-là cachait son trésor. Oh! j'aurais dû m'en douter aussi, quand la besogne achevée, l'Autrichienne m'a dit, avec sa voix câline : Tenez, Gamain, vous avez chaud, buvez ce verre de vin, il vous fera du bien. J'aurais dû me douter que le vin était empoisonné.

— Empoisonné !

— Oui, je savais ça, pourtant, dit Gamain, avec une expression de sombre haine, que les hommes qui aident les rois à cacher des trésors ne vivent pas longtemps.

Roland s'approcha de sa femme et l'interrogea des yeux.

— Il y a quelque chose au fond de tout cela, mon ami, dit-elle. Je me rappelle maintenant le nom de cet homme, c'est le serrurier du roi.

— Et cette armoire?

— Eh bien! demandez-lui ce que c'est que cette armoire.

— Ce que c'est que cette armoire, reprit Gamain, qui avait entendu. Ah! je vais vous le dire, parbleu! C'est une armoire de fer, fermée avec une serrure de coffre, et dans laquelle le citoyen Capet cache son or et ses papiers.

— Et comment connaissez-vous l'existence de cette armoire?

— Puisqu'il m'a envoyé chercher, mo

et mon compagnon à Versailles, pour lui faire marcher une serrure qu'il avait faite lui-même et qui ne marchait pas.

— Mais cette armoire, elle aura été ouverte, brisée, pillée au 10 août.

— Oh! dit Gamain, il n'y a pas de danger.

— Comment, il n'y a pas de danger?

— Non; je défie bien qui que ce soit, excepté lui, ou moi, de la trouver et surtout de l'ouvrir.

— Vous êtes sûr?

— Sûr et certain, telle elle était à

l'heure où il a quitté les Tuileries, telle elle est aujourd'hui.

— Et à quelle époque avez-vous aidé le roi Louis XVI à fermer cette armoire ?

— Ah ! je ne puis pas dire au juste, mais c'était trois ou quatre mois avant le départ de Varennes.

— Et comment cela s'est-il passé ? — Voyons, excusez-moi, mon ami, la chose me paraît assez extraordinaire pour qu'avant de me mettre avec vous à la recherche de cette armoire, je vous demande quelques détails.

— Oh ! les détails sont faciles à donner, citoyens ministres, et ils ne manqueront pas : Capet m'a envoyé chercher à Versailles, ma femme ne voulait pas me laisser venir, pauvre femme, elle avait un pressentiment. Elle me disait : Le roi est en mauvaise position, tu vas te compromettre pour lui. — Mais, lui disais-je, puisqu'il m'envoie chercher pour affaires concernant mon état, et qu'il est mon écolier, il faut bien que j'y aille. — Bon, répondait-elle, il y a de la politique là-dessous ; il a autre chose à faire dans ce moment-ci que de faire des serrures.

— Abrégeons, mon ami, dit Roland, de sorte que malgré les avis de votre femme, vous êtes venu.

— Oui, et j'eusse mieux fait de les

écouter, je ne serais pas dans l'état où je suis ; mais ils me le paieront, les empoisonneurs.

— Alors...

— Ah ! pour en revenir à l'armoire ?

— Oui, mon ami, et tâchons même de ne pas nous en écarter, n'est-ce pas, tout mon temps est à la République et j'ai bien peu de temps.

— Alors il m'a montré une serrure de coffre, qui n'allait pas, il l'avait faite lui-même, ce qui me fait croire que si elle eut été, il ne m'aurait pas envoyé chercher, le traître !

— Il vous a fait voir une serrure qui n'allait pas, reprit le ministre, insistant pour maintenir Gamain dans la question.

— Et il m'a demandé : pourquoi ça ne va-t-il pas, Gamain ? — J'ai dit : Sire, il faut que j'examine la serrure ; — il a dit, c'est trop juste. — Alors j'ai examiné la serrure et je lui ai dit : — Savez-vous pourquoi la serrure ne va pas ? — Non, a-t-il répondu, puisque je te le demande. — Eh bien ! elle ne va pas, Sire, — on l'appelait encore Sire, à cette époque là, le brigand, — elle ne va pas, Sire, c'est bien simple, elle ne va pas. — Suivez bien mon raisonnement, car n'étant pas si fort en serrurerie que le roi, vous ne pourrez peut-être pas me comprendre, il faut d'abord que vous sachiez la différence qu'il y a entre une serrure de coffre et une autre serrure, — une serrure benarde, par exemple.

— Cela m'est absolument égal, mon ami, répondit Roland, comme vous l'avez deviné, je ne suis pas si fort en serrurerie que le roi, et je ne connais pas la différence qu'il y a entre une serrure benarde et une serrure de coffre.

— La différence, je vais vous la faire toucher du doigt.

— Inutile, vous expliquâtes au roi, disiez-vous...

— Pourquoi la serrure ne fermait pas, — faut-il vous dire pourquoi elle ne fermait pas?

— Si vous voulez, dit Roland qui commençait à croire que le mieux était d'abandonner Gamain à sa prolixité.

— Eh bien! elle ne fermait pas, comprenez-vous, parce que le museau de la clef accrochait bien la grande barbe, que la grande barbe décrivait bien la moitié de son cercle, mais arrivée là, comme elle n'était pas taillée en biseau, elle ne s'échappait pas toute seule, voilà l'affaire. — Vous comprenez, à présent, n'est-ce pas? — la course de la barbe étant de six lignes, l'épaulement devait être d'une ligne, — comprenez-vous ?

— A merveille ! dit Roland qui ne comprenait pas un mot.

— C'est ma foi ça, dit le roi.

— Eh bien ! Gamain, fais ce que je n'ai pas su faire, — n'es-tu pas mon maître ? — Oh ! non - seulement votre maître, Sire, mais maître sur maître, maître sur tous.

— Si bien...

— Si bien, que je me mis à la besogne, tandis que M. Capet causait avec mon garçon, que j'ai toujours soupçonné d'être un aristocrate déguisé. Au bout de dix minutes, c'était fini. Alors je descendis avec la porte de fer, à laquelle était appliquée la serrure, et je dis : — Ça y est, Sire. — En ce cas, Gamain, dit-il, viens avec moi. — Alors il marcha devant, je le suivis, il me conduisit d'abord dans sa chambre à coucher, puis dans un couloir sombre qui communiquait de son alcôve à la chambre du dauphin. Là, il faisait si ténébreux qu'on fut obligé d'allumer une bougie. — La bougie allumée, le roi me dit : — Tiens cette bougie, Gamain, et éclaire-moi. — Il se permettait de me tutoyer, le tyran. — Alors il leva un panneau de la boiserie, derrière lequel il y avait un trou rond, portant deux pieds de diamètres à son ouverture.

Puis comme il remarquait mon étonnement :

— J'ai fait cette cachette pour y serrer de l'argent, me dit-il, maintenant, tu vois, Gamain, il faut fermer l'ouverture avec cette porte de fer, c'est à cela que devait servir la serrure.

— Ce ne sera pas long, que je lui répondis; les gonds y sont, ainsi que le pène. J'accrochai la porte et je n'eus qu'à la pousser, elle se fermait toute seule.

Puis on remettait le panneau en place.
— Bonsoir, plus d'armoire, plus de porte, plus de serrure.

— Et vous croyez, mon ami, demanda Roland, que cette armoire n'avait d'autre but que de devenir un coffre-fort, et que le roi s'était donné toute cette peine pour cacher de l'argent.

— Attendez donc, c'était une attrape ; il se croyait bien malin, le tyran, mais je suis aussi malin que lui. — Voici ce qui se passa :

— Voyons, me dit-il, aide-moi à compter l'argent que je veux cacher dans cette armoire.

Et nous comptâmes deux millions en doubles louis, que nous divisâmes en quatre sacs de cuir ; mais tandis que je comptais son or, je vis du coin de l'œil le valet de chambre qui transportait des papiers, des papiers, des papiers, et je me dis: Bon, l'armoire c'est pour renfermer des papiers, l'argent, c'est une frime.

— Que dis-tu de cela, Madeleine, demanda Roland à sa femme, en se baissant vers elle, de manière à ce que cette fois, Gamain ne l'entendit pas.

— Je dis que cette révélation est de la plus haute importance, et qu'il n'y a pas un instant à perdre.

Roland sonna.

L'huissier parut.

— Avez-vous une voiture attelée dans la cour de l'hôtel? demanda-t-il.

— Oui, citoyen.

— Faites-là approcher.

Gamain se leva.

— Ah! dit-il, tout vexé, vous en avez assez de moi comme cela, à ce qu'il paraît.

— Pourquoi donc? demanda Roland.

— Puisque vous appelez votre voiture : les ministres ont donc encore des voitures, sous la République?

— Mon ami, répondit Roland, les ministres auront des voitures en tout temps, une voiture n'est pas un luxe, pour un ministre, c'est une économie.

— Une économie de quoi?

— De temps, c'est-à-dire, de la denrée la plus chère et la plus précieuse qu'il y ait au monde.

— Alors il faudra donc que je revienne, moi?

— Pourquoi faire ?

— Dame! pour vous mener à l'armoire où est le trésor.

— Inutile !

— Comment ça, inutile !

— Sans doute, puisque je viens de demander la voiture pour y aller.

— Pour aller où ?

— Aux Tuileries.

— Nous y allons donc ?

— De ce pas.

— A la bonne heure.

— Mais à propos, dit Roland.

— Quoi ? demanda Gamain.

— La clef ?

— Quelle clef?

— La clef de l'armoire, — il est probable que Louis XVI ne l'a pas laissée à la porte.

— Oh! bien certainement, attendu qu'il n'est pas si bête qu'il en a l'air, le gros Capet.

— Alors vous prendrez des outils?

— Pourquoi faire?

— Pour ouvrir l'armoire.

Gamain tira de sa poche une clef toute neuve.

— Et qu'est-ce que c'est donc que cela ? demanda-t-il.

— Une clef.

— La clef de l'armoire que j'ai faite de souvenir ; je l'avais bien étudiée, me doutant qu'un jour...

— Cet homme est un grand misérable, dit madame Roland à son mari.

— Tu penses donc ? demanda celui-ci avec hésitation.

— Je pense que nous n'avons pas le droit, dans notre position, de refuser aucun des renseignements que la fortune nous envoie pour arriver à la connaissance de la vérité.

— La voilà, la voilà, disait Gamain, rayonnant et montrant la clef.

— Et vous croyez, demanda Roland, avec un dégoût qu'il lui était impossible de cacher, vous croyez que cette clef quoique faite de souvenir et après dix-huit mois, ouvrira l'armoire de fer?

— Et du premier coup, je l'espère bien, dit, Gamain. Ce n'est pas pour des prunes qu'on est maître sur maître, maître sur tous.

— La voiture du citoyen ministre attend, dit l'huissier.

— Irai-je avec vous? demanda madame Roland.

— Certainement, s'il y a des papiers, c'est à toi que je les confierai. N'es-tu pas le plus honnête homme que je connaisse.

Puis se retournant vers Gamain :

— Venez, mon ami, lui dit Roland.

Et Gamain suivit en grommelant entre ses mâchoires.

— Ah! je t'avais bien dit que je te revaudrais *Cela,* monsieur Capet.

— *Cela?* qu'est-ce que c'était, que *cela ?*

C'était le bien que le roi lui avait fait.

VIII

La Retraite des Prussiens.

Tandis que la voiture du citoyen Roland roule vers les Tuileries, tandis que Gamain retrouve le panneau caché dans la muraille, tandis que selon la promesse terrible qu'il en a faite, la clef forgée de souvenir ouvre avec une merveilleuse facilité l'armoire de fer, tandis que l'armoire de fer, livre le dépôt fatal qui lui est confié, lequel, malgré l'absence des papiers confiés à madame Campan par le roi lui-même, aura une si cruelle influence sur la destinée des prisonniers du Temple ; tandis que Roland emporte ces papiers chez lui, les lit un a un, les cotte, les étiquette, cherchant inutilement parmi tous ces papiers une trace de la vénalité, tant dénoncée de Danton, voyons ce que fait l'ancien ministre de la justice.

Nous disons l'ancien ministre de la justice, parce que la première chose qu'avait fait Danton aux Jacobins, le premier acte par lequel il avait débuté à la Convention, c'était de donner sa démission.

Il était monté à la tribune et avait dit :

« Avant d'exprimer mon opinion sur le premier décret que doit rendre la Convention, qu'il me soit permis de résigner dans son sein les fonctions qui m'étaient désignées par l'Assemblée législative. Je les ai reçues au bruit du canon. Maintenant la jonction des armées est faite, la jonction des représentants opérée, je ne suis plus que mandataire du peuple, et c'est en cette qualité que je vais parler. »

Danton eut pu ajouter à ces mots : *La*

jonction des armées est faite, Danton eut pu ajouter : et les Prussiens sont battus, car ces paroles il les prononçait le 21 septembre, et le 20, c'est-à-dire la veille, avait eu lieu la bataille de Valmy.

Mais Danton l'ignorait.

Il se contenta de dire :

« Ces vains fantômes de dictateurs, dont on voulait effrayer le peuple, dissipons-les ; *déclarons qu'il n'y a de constitution que celle qui est acceptée par lui* : jusqu'aujourd'hui on l'a agité, il fallait l'éveiller contre les tyrans ; maintenant que les lois soient aussi terribles contre ceux qui les violeraient que le peuple l'a été en foudroyant la tyrannie, qu'elles punisse tous les coupables : abjurons toute exagération, déclarons que toute propriété territoriale et industrielle *sera éternellement maintenue.*

Danton, avec son habileté ordinaire, répondait en quelques lignes aux deux grandes craintes de la France.

La France craignait pour sa liberté et pour sa propriété.

Et, chose étrange, qui craignait surtout pour la propriété? c'étaient les nouveaux propriétaires.

Ceux qui avaient acheté depuis la veille,

qui devaient encore les trois-quarts de leur acquisition.

C'étaient ceux-là qui étaient devenus conservateurs, bien plus que les anciens nobles, que les anciens aristocrates, que les anciens propriétaires puisque ceux-là préféraient leur vie à leurs immenses domaines, et la preuve c'est qu'ils avaient abandonné leurs biens pour sauver leur vie, tandis que les paysans, les acquéreurs de biens nationaux, les propriétaires d'hier, préféraient leur petit coin de terre à leur vie, veillaient dessus, le fusil à la main, et pour rien au monde n'eussent émigrés.

Un jour aux Jacobins, Chabot avait laché une imprudente parole que les

propriétaires n'avaient pas oubliées. —
Il avait dit que si Marat ne conseillait
pas encore le partage des propriétés,
c'est qu'il ne tenait pas les hommes pour
assez vertueux.

C'était ce souvenir qu'il fallait effacer ;
c'était cette imprudence qu'il fallait faire
perdre de vue, c'étaient non-seulement
ceux qui étaient propriétaires depuis
hier qu'il fallait rassurer, c'étaient ceux
qui allaient le devenir demain.

Car la grande pensée de la révolution
était celle-ci :

Il faut que tous les Français soient
propriétaires. La propriété ne fait pas

toujours l'homme meilleur, mais elle le fait plus digne, en lui donnant le sentiment de son indépendance.

Ainsi, le génie de la révolution, tout entier, le résumait dans ces quelques mots de Danton :

— Abolition de toute dictature.

— Conservation de toute propriété.

C'est-à-dire :

Point de départ : — L'homme a le droit de se gouverner lui-même.

But : L'homme a droit de conserver le fruit de sa libre activité.

Et qui venait dire cela?

— L'homme du 20 juin, du 10 août, du 2 septembre, c'est-à-dire le géant de la tempête et de la destruction.

Le géant se faisait pilote et jetait à la mer ces deux ancres de salut des nations :

La liberté, la propriété.

La Gironde ne comprit pas ; l'honnête Gironde avait une répugnance invincible pour le... comment dirons-nous, pour le facile Danton.

On a vu qu'elle lui avait refusé la dictature au moment où il la demandait pour empêcher le massacre.

Un Girondin se leva, et au lieu d'applaudir l'homme de génie qui venait de formuler les deux grandes craintes de la France, et de la rassurer en les formulant. Il cria à Danton :

— Quiconque essaie de consacrer la propriété la compromet; y toucher même pour l'affermir c'est l'ébranler. La propriété est antérieure à toute loi.

La Convention rendit ces deux décrets :

— *Il ne peut y avoir de Constitution que*

lorsqu'elle est adoptée par le peuple.

La sûreté des personnes et des propriétés est sous la sauve-garde de la nation.

C'était cela et ce n'était pas cela.

Rien n'est plus terrible en politique que les *à peu près*.

En outre, la démission de Danton avait été acceptée.

Mais l'homme qui s'était cru assez fort pour prendre à son compte septembre, c'est-à-dire l'effroi de Paris, la haine de la Province, l'exécration du monde; cet homme-là était à coup sûr un homme bien puissant.

Et, en effet, il tenait à la fois les fils de la diplomatie, de la guerre et de la paix.

Dumouriez, et par conséquent l'armée était dans sa main.

La nouvelle de la victoire de Valmy était arrivée à Paris et y avait causé une grande joie.

Elle y était arrivée avec des ailes d'aigle, et était tenue pour infiniment plus décisive qu'elle n'était.

Il en résultait que, d'une crainte suprême, la France était passée à une suprême audace.

Les clubs ne respiraient que guerre et bataille.

Pourquoi, puisque le roi de Prusse était vaincu, pourquoi le roi de Prusse n'était-il pas prisonnier, lié, garotté, ou tout au moins de l'autre côté du Rhin.

Voilà ce qu'on disait tout haut.

Puis, tout bas ;

C'est bien simple, Dumouriez trahit ;
il est vendu aux Prussiens.

Dumouriez recevait déjà la récompense d'un grand service rendu à l'ingratitude.

Le roi de Prusse ne se regardait pas le moins du monde comme battu.

Il avait attaqué les hauteurs de Valmy et ne les avait pas pu prendre, voilà tout.

Chaque armée avait gardé son camp.

Les Français qui, depuis la campagne, avaient constamment marché en arrière, poursuivis par des paniques, par des défaits, par des revers; les Français, cette fois, avaient tenu devant l'ennemi, voilà tout.

La perte d'hommes avait été à peu près égale.

Voilà ce que l'on ne pouvait pas dire à Paris, à la France, à l'Europe, dans le besoin que nous avions d'une grande victoire; mais voilà ce que Dumouriez faisait dire à Danton par Westermann.

Les Prussiens étaient si peu battus, si peu en retraite, que douze jours après Valmy ils étaient encore immobiles dans leurs campements.

Dumouriez avait écrit pour savoir, en

cas de propositions du roi de Prusse s'il devait traiter.

Cette demande eut deux réponses :

Une du ministère, fière, officielle, dictée par l'enthousiasme de la victoire.

L'autre sage et calme, mais de Danton seul.

La lettre du ministère portait haut.

Elle disait :

La république ne traite point, tant que l'ennemi n'a point évacué le territoire.

Celle de Danton disait :

Pourvu que les Prussiens évacuent le territoire, traitez à quelque prix que ce soit.

Traiter, n'était pas chose commode : dans la situation d'esprit où se trouvait le roi de Prusse ; en même temps, à peu près qu'arrivait à Paris la nouvelle de la victoire de Valmy, arrivait à Valmy la nouvelle de l'abolition de la royauté et de la proclamation de la république.

Le roi de Prusse était furieux.

Cette invasion faite dans le but de sauver le roi de France, et qui jusque-là avait eu pour tout résultat, le 10 août, le 2 et le 21 septembre, c'est-à-dire la captivité du roi, le massacre des nobles et l'abolition de la royauté, avait fait entrer Frédéric-Guillaume dans ses accès de plus sombre fureur.

Il voulait combattre coûte que coûte, et avait donné pour le 29 septembre l'ordre d'une bataille acharnée.

Il y avait loin de là, comme on le voit, à abandonner le territoire de la république.

Le 29, au lieu d'un combat, il y eut un conseil.

Au reste, Dumouriez était prêt à tout.

Brunswick, très-insolent en paroles, était fort prudent lorsqu'il s'agissait de leur substituer les faits ; Brunswick, en somme, était encore plus anglais qu'allemand, il avait épousé une sœur de la reine d'Angleterre, c'était donc au moins autant de Londres que de Berlin qu'il recevait ses inspirations.

Si l'Angleterre le décidait à se battre il se battait des deux bras, d'un bras pour la Prusse, de l'autre pour l'Angleterre.

Mais si les Anglais ses maîtres ne tiraient pas l'épée du fourreau, il était tout prêt à y remettre la sienne.

Or, le 29, Brunswick produisit au conseil des lettres de l'Angleterre et de la Hollande qui refusaient de se joindre à la coalition.

En outre, Custine marchait sur le Rhin, menaçait Coblentz, Coblentz pris, la porte pour rentrer en Prusse était fermée au roi.

Puis il y avait quelque chose de bien autrement grave, de bien autrement sérieux que tout cela: par hasard ce roi de Prusse là avait une maîtresse, la comtesse de Lichtenau.

Elle avait suivi l'armée comme tout le monde, comme Gœthe qui esquissait dans uns fourgon de Sa Majesté prussienne les premières scènes de son Faust; elle comptait sur la fameuse promenade militaire, elle voulait voir Paris.

A Spa, elle avait appris la journée de Valmy, les dangers qu'y avait couru son royal amant.

Elle craignait souverainement deux choses, la belle comtesse : les boulets des Français, les sourires des Françaises.

Elle écrivait lettres sur lettres, et les posts-criptum de ces lettres, c'est-à-dire le résumé de la pensée de celle qui les avait écrites, était le mot : *reviens*.

Le roi de Prusse n'était plus retenu en réalité que par la honte d'abandonner Louis XVI.

Toutes ces considérations agirent sur lui, seulement les deux plus importantes furent les larmes de la belle comtesse, et le danger que courait Coblentz.

Il n'en insista pas moins pour qu'on rendît la liberté à Louis XVI; Danton se hâta de lui faire passer par Westermann tous les arrêtés de la Commune qui montraient le prisonnier *entouré de bons traitements*.

Cela suffit au roi de Prusse : on voit qu'il n'était pas bien difficile.

Les amis du roi de Prusse assurent qu'avant de se retirer il fit donner à Dumouriez et à Danton leur parole de sauver la vie du roi.

Rien ne prouve cette assertion.

Le 29 septembre l'armée prussienne se met en retraite, et fait une lieue.

Le 30 une lieue encore.

L'armée française l'escortait, comme pour lui faire les honneurs du pays en la reconduisant.

Toutes les fois que nos soldats voulaient attaquer, couper la retraite aux

Prussiens, risquer enfin d'acculer le sanglier et de le faire tenir aux chiens, les hommes de Danton les tiraient en arrière.

Qu'ils sortissent de France, c'était tout ce que voulait Danton.

Le 22 octobre ce patriotique désir était accompli.

Le 6 novembre le canon de Jemmapes annonçait le jugement de Dieu sur la révolution française.

Le 7, la Gironde ouvrait le procès du Roi.

Quelque chose de pareil s'était déjà passé six semaines auparavant.

. Le 20 septembre, Dumouriez avait gagné la bataille de Valmy.

Le 21, la république était proclamée.

Chaque victoire avait en quelque sorte son couronnement et faisait faire à la France un pas de plus dans la révolution.

Cette fois c'était le pas terrible. On approchait du but ignoré d'abord, où l'on avait pendant trois ans marché en aveugles. Comme il arrive dans la nature, on commençait, au fur et mesure que l'on avançait, à voir les contours des choses dont on n'avait entrevu que les masses.

Or, que voyait-on à l'horizon ? un échafaud, au pied de cet échafaud le roi.

Dans cette époque toute matérielle et où les intérêts inférieurs de haine, de destruction et de vengeance l'emportaient sur les idées élevées de quelques esprits supérieurs, où un homme comme Danton, c'est-à-dire qui prenait sur son compte les journées sanglantes de septembre était accusé d'être le chef *des indulgents,* il était difficile que l'idée prévalut sur le fait.

Or, voilà ce que ne comprirent pas les hommes de la Convention, ou ce que comprirent seulement certains hommes, les uns clairement, les autres instinctivement.

C'est qu'il fallait faire le procès à la royauté et non au roi.

La royauté, c'était une abstraction sombre, un mystère menaçant dont personne ne voulait plus ; une idole dorée au dehors, comme ces sépulcres blanchis dont parle le Christ, et qui sont pleins de vers et de pourriture au dedans.

Mais le roi, c'était autre chose.

Le roi c'était un homme peu intéressant aux jours de sa prospérité, mais que le malheur avait épuré, que la captivité avait grandi. Sa sensibilité s'était développée dans ses disgrâces et même sur la reine le prestige de l'adversité était devenu tel que, soit intuition nouvelle, soit ancien repentir, la prisonnière du Temple en était arrivée sinon à aimer d'amour, — ce pauvre cœur brisé avait dû perdre ce qu'il contenait d'amour, comme un vase gercé perd ce quil contenait de liqueur, goutte à goutte;—mais à vénérer, à adorer dans le sens religieux du mot, ce roi, ce prince, cet homme, dont les appétits matériels, dont les instincts inférieurs lui avaient si souvent fait monter le rouge au visage.

Un jour le roi entra chez la reine et la trouva occupée à balayer le pavé de la chambre du dauphin malade.

Il s'arrêta sur le seuil, laissa tomber sa tête sur sa poitrine, puis avec un soupir :

— Oh ! Madame, dit-il, quel métier pour une reine de France, et si l'on voyait à Vienne ce que vous faites ! ah ! qui eût dit qu'en vous unissant à mon sort je vous ferais si bas descendre.

— Eh ! comptez-vous pour rien, répondit Marie-Antoinette, la gloire d'être la femme du meilleur et du plus persécuté des hommes.

Voilà ce que répondait la reine, et cela sans témoins, ne croyant pas être entendue d'un pauvre valet de chambre qui suivait le roi, qui gardait ces paroles dans son cœur, et qui, pareilles à des perles noires, les gardait pour en faire un diadème, non plus à la tête du roi, mais à la tête du condamné.

Un autre jour, c'était madame Élisabeth que son frère trouvait coupant, faute de ciseaux, avec ses dents, le fil dont elle raccommodait une robe de la reine.

— Ah! ma sœur, disait-il, quel contraste avec cette jolie petite maison de Montreuil où vous ne manquiez de rien.

— Ah! mon frère, répondit la sainte fille, puis-je regretter quelque chose quand je partage vos malheurs!

Et tout cela était connu, tout cela se répandait, tout cela brodait d'arabesques d'or la sombre légende du martyre.

La royauté frappée de mort, mais le roi gardé vivant, c'était là une grande et puissante pensée, si grande et si puissante qu'elle n'entra dans la tête que de quelques hommes, et qu'à peine, tant elle était impopulaire, osèrent-ils l'exprimer.

— Un peuple a besoin qu'on le sauve,

mais il n'a pas besoin qu'on le venge, dit Danton aux Cordeliers.

— Certes, il faut juger le roi, dit Grégoire à la Convention, mais il a tant fait pour le mépris *qu'il n'y a plus de place pour la haine.*

Payne écrivit :

« Je veux qu'on fasse le procès, non pas contre Louis XVI, mais contre la bande des rois. De ces individus nous en avons un en notre pouvoir, il nous mettra sur la voie de la conspiration générale. Il y a aussi de fortes préventions contre M. Guelfe, électeur de Hanovre, en sa qualité de roi d'Angleterre, si le procès général de la royauté fait voir qu'il achète les Allemands, paye de l'argent anglais le landgrave de Hesse, cet exécrable trafiquant de chair humaine ; ce sera une justice envers l'Angleterre de bien établir ce fait. La France devenue républicaine a intérêt de rendre la révolution universelle : *Louis XVI est très-utile pour démontrer à tous, la nécessité des révolutions.* »

Donc les hauts esprits, PAYNE, et les grands cœurs, DANTON, étaient d'accord sur ce point.

Il ne fallait donc pas faire le procès du roi, mais des rois, et au besoin dans ce procès il fallait appeler Louis XVI comme témoin.

La France républíque, c'est-à-dire majeure, devait procéder en son nom et au nom des peuples soumis à la royauté, c'est-à-dire mineurs.

La France alors ne siégeait pas comme un juge terrestre, mais divin, elle planait dans les sphères supérieures, et sa parole ne montait plus jusqu'au trône comme une éclaboussure de boue et de sang, elle tombait sur les rois comme un éclat de foudre et de tonnerre.

Supposez ce procès public, appuyé de

preuves, commençant par Catherine II, meurtrière de son mari et bourreau de la Pologne.

Supposez les détails de cette vie monstrueuse mise au grand jour comme le cadavre de madame de Lamballe, et cela de son vivant.

Voyez la Pasiphaë du nord enchaînée au pilori de l'opinion publique.

Et dites ce qu'il serait résulté d'instruction pour les peuples d'un pareil procès.

Au reste, il y a de bon, dans ce qu'il n'a pas été fait, qu'il est encore à faire.

IX

Le Procès.

Les papiers de l'armoire de fer livrés par Gamain a qui la convention accorda une pension de 1,200 livres pour cette belle action et qui mourut tordu par les rhumatismes, et brisé par des douleurs qui lui firent regretter cent fois la guillotine à laquelle il avait aidé à envoyer son royal élève, l'armoire de fer épurée par le triage des papiers que nous avons vu Louis XVI remettre à madame Campan, l'armoire de fer, au grand désappointement de Monsieur et de Madame Roland, ne contenait rien contre Dumouriez ni Danton.

Ils compromettaient surtout le roi et les prêtres.

Ils dénonçaient ce pauvre petit esprit aigre, étroit, ingrat de Louis XVI, qui ne haïssait que ceux qui avaient voulu le sauver.

Necker, — Lafayette, — Mirabeau!

Il n'y avait rien non plus contre la Gironde.

La discussion sur le procès commença le 15 novembre.

Qui l'ouvrit cette discussion terrible? qui se fit le porte-glaive de la Montagne? qui plana au dessus de la sombre Assemblée, comme l'ange de l'extermination?

Un jeune homme qui, le 20 juillet 1792, c'est-à-dire, quatre mois auparavant écrivait à l'un de ses amis cette étrange lettre :

« Mon cher Daubigny,

« Depuis que je suis ici (à Paris), je suis remué d'une fièvre républicaine qui me dévore et me consume, j'envoie par le même courrier à votre frère ma deuxième lettre, il est malheureux que je ne puisse rester à Paris, je me sens de quoi surnager dans le siècle, compagnon de gloire et de liberté, prêchez là dans vos sections, que le péril vous enflamme, allez voir Camille-Desmoulins, embrassez-le pour moi, et dites lui qu'il ne me reverra jamais, dites lui que j'estime son patriotisme mais que je le méprise, lui, parce que j'ai pénétré dans son âme, et qu'il craint que je ne le trahisse, dites lui qu'il n'abandonne pas la bonne cause et recommandez le lui, car il n'a pas encore l'audace d'une vertu magnanime, adieu. Je suis au-dessus du malheur, je supporterai tout, mais je dirai la vérité, vous êtes tous des lâches qui ne m'avez point apprécié, ma palme s'élèvera et vous obscurcira peut-être, infâmes que vous êtes; je suis un fourbe, un scélérat, parce que je n'ai point d'argent à vous donner, arrachez-moi le cœur et mangez-le, vous deviendrez ce que vous n'êtes point: GRANDS. O Dieu! faut-il que Brutus languisse oublié loin de Rome, mon parti est pris cependant, si Brutus ne tue pas les autres, il se tuera lui-même.

« Adieu. »

Quel était donc ce jeune homme qui s'appelait Brutus ?

Un enfant de vingt-quatre ans envoyé avant l'âge voulu à la Convention.

Il était né dans un des plus rudes pays de France, dans la Nièvre, il avait en lui de la sève âpre et amère, qui fait sinon les grands hommes du moins les hommes dangereux ; il était fils d'un vieux soldat que trente ans de service avaient *élevé* jusqu'à la croix de Saint-Louis, ennobli par conséquent du titre de chevalier ; il était né triste, pesant, grave, sa famille avait un peu de bien dans le département de l'Aisne, à Blerancourt, près de Noyon, et elle habitait une modeste demeure, qui était loin d'être la médiocrité dorée d'Horace.

Envoyé à Reims pour étudier le droit, il y fit de mauvaises études et de mauvais vers, un poème, à la manière de *Roland-le-Furieux* et de la *Pucelle*, intitulé l'*Organt*.

Publié sans succès, en 1789, le poème fut republié sans plus de succès en 1792.

Il avait hâte de sortir de sa province, comme on peut le voir, par la lettre que nous avons citée. Il vint à Camille-Desmoulins, le brillant journaliste qui tenait dans ses mains fermées la réputation future des poètes inconnus.

Celui-ci, gamin sublime, plein d'esprit, de brio, de désinvolture, vit un matin entrer chez lui un écolier hautain, pédant, plein de prétention et de pathos, aux paroles lentes et mesurées, tombant une à une comme les gouttes d'eau glacées qui percent les rocs et cela d'une bouche de femme; quant au reste du visage, c'étaient des yeux bleus fixes, durs, fortement barrés de sourcils noirs, un teint blanc plutôt maladif que pur, son séjour à Reims pouvait bien avoir donné à l'étudiant en droit, la scrofuleuse maladie que les rois avaient la prétention de guérir à Reims, le jour de leur sacre; un menton se perdant au milieu d'une énorme cravate serré autour du col, quand tout le monde la portait lâche et flottante comme pour donner au bourreau toute facilité de la dénouer, un torse raide, automatique, ridicule, comme machine, s'il ne devenait terrible comme spectre, tout cela couronné d'un front si bas que les cheveux descendaient jusqu'aux yeux.

Camille-Desmoulins vit donc entrer un matin chez lui l'étrange figure, elle lui fut souverainement antipathique.

Le jeune homme lui lut ses vers et lui dit, entr'autres pensées sociales, que le monde était vide, depuis les Romains.

Les vers lui parurent mauvais, la pensée fausse, il se moqua du philosophe, il se moqua du poète, et le poète philo-

Sophe rentra dans sa solitude de Blerancourt, *abattant à la Tarquin,* dit Michelet, le grand portraiteur de ces sortes d'hommes, *des pavots avec une baguette, dans l'un Desmoulins peut-être, dans l'autre Danton.*

L'occasion lui vint — l'occasion ne manque jamais à certains hommes.

Son village, son bourg, sa petite ville, Blerancourt était menacé de perdre un marché qui le faisait vivre.

Sans connaître Robespierre, le jeune homme écrit à Robespierre, le prie d'appuyer la réclamation communale qu'il lui transmet, lui offre de donner, pour être vendu, son petit bien, c'est-à-dire, tout ce qu'il possède.

Ce qui faisait rire Camille-Desmoulins faisait rêver Robespierre : il appela près de lui le jeune fanatique, l'étudia, le reconnut pour être de la trempe de ces hommes avec lesquels on fait des révolutions, et par son influence aux Jacobins le fit nommer membre de la Convention quoiqu'il n'eût point l'âge.

Le président du corps électoral, Jean de Bry, protesta et en protestant envoya son extrait de baptême.

Il n'avait en effet que vingt-quatre ans et trois mois.

Mais sous l'influence de Robespierre disparut cette vaine réclamation.

C'était chez ce jeune homme que rentrait Robespierre dans la nuit du 2 septembre.

Ce fut ce jeune homme qui dormit quand Robespierre ne dormait pas.

Ce jeune homme, c'était Saint-Just.

— Saint-Just, lui disait un jour Camille-Desmoulins, sais-tu ce que dit de toi Danton?

— Non.

— Il dit que tu portes ta tête comme un Saint-Sacrement.

Un pâle sourire se dessina sur la bouche féminine du jeune homme.

— Bien, dit-il, et moi je lui ferai porter la sienne comme un Saint-Denis.

Et il tint parole.

Saint-Just descendit lentement du sommet de la Montagne, il monta lentement à la tribune, et lentement il demanda la mort.

— Il demanda, nous nous trompons, il ordonna la mort.

Ce fut un discours atroce que celui que prononça ce beau jeune homme pâle, aux lèvres de femme.

Le relève qui voudra, l'imprime qui pourra, nous n'en avons pas le courage.

— Il ne faut pas longuement juger le roi, dit-il, *il faut le tuer.*

Il faut le tuer, car il n'y a plus de lois pour le juger, lui-même les a détruites.

Il faut le tuer, comme un ennemi, on ne juge que les citoyens, pour juger le tyran, il faudrait d'abord le refaire citoyen.

Il faut le tuer comme coupable pris en

flagrant délit la main dans le sang; la royauté est d'ailleurs un crime éternel; un roi est hors la nature; de peuple à roi nul rapport naturel.

Il parla ainsi une heure sans s'animer, sans s'échauffer, avec une voix de rhéteur, des gestes de pédant, et à la fin de chaque phrase revenaient ces mots qui tombaient d'un poids singulier et qui produisaient chez les auditeurs un ébranlement pareil à celui du couteau de la guillotine.

Il faut le tuer.

Le discours fit une sensation terrible, pas un des juges qui ne sentît pénétrer en l'écoutant, jusqu'à son cœur, le froid de l'acier.

Robespierre, lui-même, s'effraya de voir son disciple, son élève planter, si fort au-delà des postes républicains les plus avancés, le sanglant drapeau de la révolution.

Dès lors le procès fut non-seulement résolu, mais Louis XVI condamné.

Essayer de sauver le roi, c'était se dévouer à la mort.

Danton en eut l'idée, il n'en eut pas le courage. Il avait eu assez de patriotisme pour réclamer le nom d'assassin.

Il n'eut pas assez de stoïcisme pour accepter celui de traître.

Le 11 décembre, le procès s'ouvrit.

Dès le 7, un municipal était venu au Temple, à la tête d'une députation de la Commune, et était entré chez le roi.

Là, il lut aux prisonniers un arrêté qui ordonnait de leur enlever couteaux, rasoirs, ciseaux, canifs, et tous les instruments tranchants enfin, dont on prive les condamnés.

Sur ces entrefaites, la femme de Cléry vint le voir : elle amenait avec elle une amie ; on fit comme d'habitude descendre le valet de chambre au conseil. Elle affecta de donner à haute voix à son mari des détails sur leurs affaires domestiques, mais tandis que madame Cléry parlait haut, l'amie disait tout bas :

— Mardi prochain, on conduit le roi à la Convention. Le procès va commencer. Le roi pourra prendre un conseil. Tout cela est certain.

Le roi avait défendu à Cléry de rien cacher. Si mauvaise que fut la nouvelle, le fidèle serviteur prit donc la résolution de la lui dire. Le soir, en déshabillant son maître, il lui rendit en conséquence compte de tout ce qu'il avait appris. Il ajouta même que pendant tout le cours du procès, la Commune avait l'intention de le séparer de sa famille.

Quatre jours restaient donc à Louis XVI pour se concerter avec la reine, inventer quelques moyens de correspondre avec elle. Cléry offrait de tout risquer pour en faciliter les moyens au roi.

Le roi allait répondre, quand le municipal de garde entra.

Le lendemain, au lever du roi, Cléry n'eut point le temps de reprendre la conversation. Le roi monta avec son fils pour déjeuner chez les princesses. Cléry le suivit. Après le déjeuner, il causa longtemps avec la reine, et un regard douloureux de la prisonnière indiqua à Cléry qu'il était question en ce moment de la révélation qu'il avait faite au roi.

Le roi remercia encore Cléry de sa fidélité à tenir sa parole.

— Continuez, lui dit-il, de chercher à découvrir quelque chose, sur ce qu'ils veulent de moi. Ne craignez pas de m'affliger. Je suis convenu avec ma famille de ne point paraître instruit, pour ne pas vous compromettre.

Mais plus le moment du procès approchait, plus les municipaux devenaient défiants. Cléry n'eut donc d'autres nouvelles à donner aux personnes que celles contenues dans un journal qu'on lui fit parvenir.

Ce journal renfermait le décret qui ordonnait de conduire le 11 décembre le roi à la barre de la Convention.

Le 11 décembre, dès cinq heures du matin, la générale battit dans tout Paris. Les portes du Temple s'ouvrirent et l'on y fit entrer de la cavalerie et du canon. Si la famille royale eut été dans l'ignorance de ce qui devait se passer, elle eût été fort alarmée d'un semblable bruit. Elle feignit cependant d'en ignorer la cause, et demanda des explications aux commissaires de service.

Ceux-ci refusèrent d'en donner.

A neuf heures, le roi et le dauphin montèrent pour déjeuner dans l'appartement des princesses. Il y eut une dernière heure passée ensemble, mais sous les yeux des municipaux. Au bout d'une heure, il fallut se séparer, et comme on était censé tout ignorer, il fallut tout enfermer dans son cœur en se séparant.

Le jeune prince ne savait rien, on avait épargné cette douleur à sa jeunesse. Il adorait son père, redevenu jeune pour se faire son compagnon de jeu, redevenu écolier pour se faire son professeur. Il insista pour faire ce jour-là la partie de siam; tout préoccupé qu'il devait être le roi, voulut donner cette distraction à son fils.

Le dauphin perdit toutes les parties, et par trois fois, s'arrêta au n° 16.

— Maudit n° 16! s'écria-t-il, je crois qu'il me porte malheur.

Le roi ne répondit rien, mais ce mot le frappa comme un funeste pressentiment.

A onze heures, tandis que le roi donnait au dauphin sa leçon de lecture, deux municipaux entrèrent, et dirent à Sa Majesté qu'ils venaient chercher le jeune Louis pour le conduire chez sa mère. Le roi voulut savoir les motifs de cette espèce d'enlèvement.

Les commissaires se contentèrent de répondre qu'ils exécutaient les ordres du conseil de la Commune.

Le roi embrassa son fils et chargea Cléry de le conduire chez sa mère.

Cléry obéit et revint.

— Où avez-vous laissé mon fils? demanda le roi.

— Dans les bras de la reine, Sire, répondit Cléry.

Un des commissaires entra.

— Monsieur, lui dit-il, le citoyen Chambon, maire de Paris, — c'était le successeur de Pétion, — est au conseil, et va monter.

— Que me veut-il? demanda le roi.

— Je l'ignore, répondit le municipal, et il sortit laissant le roi seul.

Le roi se promena un instant à grands pas dans sa chambre, puis s'assit sur un fauteuil au chevet de son lit. Le municipal était avec Cléry dans la chambre à côté, lui disant :

— Je n'ose entrer chez le prisonnier, de peur qu'il ne me questionne.

Cependant il se faisait un tel silence dans cette chambre que le commissaire s'inquiéta de ne plus entendre le roi. Il entra doucement, et trouva Louis XVI la tête appuyée entre les mains, et paraissant profondément préoccupé. Cependant son oreille inquiète s'éveilla au bruit que fit la porte en tournant sur ses gonds, il releva la tête et d'une voix haute :

— Que me voulez-vous? demanda-t-il.

—Je craignais, répondit le municipal, que vous ne fussiez incommodé.

—Je vous suis obligé, dit le roi ; non,

je ne suis pas incommodé. Seulement la façon dont on m'enlève mon fils m'est infiniment sensible.

Le municipal se retira.

Le maire parut à une heure seulement. Il était accompagné du nouveau procureur de la Commune, Chaumette, du secrétaire-greffier, Coulombeau, de plusieurs officiers municipaux et de Santerre, accompagné lui-même de ses aides-de-camp.

Le roi se leva.

— Que me voulez-vous, Monsieur? demanda-t-il, s'adressant au maire.

— Je viens vous chercher, Monsieur, répondit celui-ci, en vertu d'un décret de la Convention dont le secrétaire-greffier va vous faire lecture.

En effet, le secrétaire-greffier déroula un papier, et lut :

« Décret de la Convention nationale qui ordonne que Louis Capet... »

A ce mot, le roi interrompit le lecteur.

— Capet n'est point mon nom, dit le roi, c'est le nom d'un de mes ancêtres.

Puis, comme le secrétaire voulait continuer la lecture :

— Inutile, Monsieur, j'ai lu le décret dans un journal, dit-il.

Alors se tournant vers les commissaires :

— J'eusse désiré, ajouta-t-il, que les commissaires m'eussent laissé mon fils pendant les deux heures que j'ai passé à vous attendre : de deux heures cruelles, vous eussiez fait deux heures plus douces. Au reste, ce traitement est une suite de ceux que j'éprouve depuis quatre mois. Je vais vous suivre, non pour obéir à la Convention, mais parce que mes ennemis ont la force en main.

— Alors, venez, Monsieur, dit Chambon.

— Je ne demande que le temps de passer une redingote par dessus mon habit; Cléry, ma redingote?

Cléry passa au roi la redingote qu'il demandait et qui était couleur noisette.

Chambon marcha le premier, le roi le suivit.

Au bas de l'escalier, le prisonnier jeta un regard inquiet sur les fusils, les piques, et surtout les cavaliers bleus de ciel, dont il ignorait la formation.

Puis il jeta un dernier regard sur la tour, et l'on partit.

Il pleuvait.

Le roi était dans une voiture, et fit la route avec un visage calme.

En passant devant les portes Saint-Martin et Saint-Denis, il demanda laquelle des deux on avait proposé de démolir.

Entré aux Feuillants, Santerre lui posa la main sur l'épaule, et le mena à la Barre, à la même place et sur le même fauteuil où il avait juré la Constitution.

Tous les députés étaient restés assis au moment de l'entrée du roi.

Un seul, au moment où il passait devant lui, se leva et salua.

Le roi étonné, se retourna, et reconnut Gilbert.

— Bonjour, monsieur Gilbert, dit-il.

Puis à Santerre :

— Vous connaissez M. Gilbert, dit-il, c'était autrefois mon médecin. Vous ne lui en voudrez donc pas trop, n'est-ce pas? de m'avoir salué.

On procéda à l'interrogatoire.

Là, le prestige du malheur commence à disparaître devant la publicité.

Non-seulement le roi répondit aux

questions qui lui étaient adressées, mais il y répondit mal, hésitant, biaisant, niant, chicanant la vie, comme eut pu faire un avocat de province, plaidant pour une question de mur mitoyen.

Le grand jour allait mal au pauvre roi.

L'interrogatoire dura jusqu'à cinq heures.

A cinq heures, le roi fut conduit dans la salle des conférences, où il attendit sa voiture.

FIN DU DIX-HUITIÈME VOLUME.

TABLE

DU DIX-HUITIÈME VOLUME.

—

Chap. I.	Maillard (*Suite et fin*).	1
II.	Ce qui se passait au Temple pendant le massacre.	21
III.	Valmy.	65
IV.	Le 21 septembre.	95
V.	La légende du roi martyr.	125
VI.	La légende du roi martyr (*Suite*.) . .	175
VII.	Le premier septembre.	211
VIII.	La Retraite des Prussiens.	249
IX.	Le Procès.	285

Imp. de Munzel frères à Sceaux (Seine.)

Ouvrages de A. de Gondrecourt.

Le Baron Lagazette.	5 vol.
Le Chevalier de Pampelonne.	5 vol.
Mademoiselle de Cardonne.	3 vol.
Les Prétendants de Catherine.	5 vol.
La Tour de Dago.	5 vol.
Le Bout de l'Oreille.	7 vol.
Un Ami diabolique.	3 vol.
Médine.	2 vol.
La Marquise de Candeuil.	2 vol.
Le Légataire.	2 vol.
Le dernier des Kerven.	2 vol.
Les Péchés mignons.	5 vol.

Ouvrages d'Alexandre Dumas fils.

Le Roman d'une Femme.	4 vol.
Tristan-le-Roux.	3 vol.
Le Docteur Servans.	2 vol.
Césarine.	1 vol.
Aventures de quatre femmes.	6 vol.

Ouvrages de Léon Gozlan.

Georges III.	3 vol.
Aventures du Prince de Galles.	5 vol.
La Marquise de Belverano.	2 vol.

Fontainebleau, imprimerie de E. Jacquin.

www.ingramcontent.com/pod-product-compliance
Lightning Source LLC
Chambersburg PA
CBHW060509170426
43199CB00011B/1385